for OUTSIDERS

아웃사이더를 위하여

미국 '한인뉴스' 발행인 백 훈 칼럼집

다트앤

서문

처음 이민을 결심했을 때, 이제부터 글쓰기는 포기해야 하는구나 생각했었다. 나중에 돈을 좀 벌어 삶에 여유가 생기면 모를까 한국어도 잘 쓰지 못할 터인데 아마도 몸을 써서 먹고 살 터인데 글쓰기라니. 기왕이면 일기도 영어로 써봐야지 결심을 했었다. 말 그대로 시원섭섭했다. 오, 그렇게 나는 '문학으로 삶을 증명한다' 외치던 내 젊은 한 시절의 치기를 마감하고 떠났다.

그런데 누나가 살고 있는 (반경 10킬로 안에 한국 사람이 10명도 안 된다는) 조지아 주의 한 도시로 가다가 친구가 있는 LA에 들렀던 것이 나를 그만 코리아타운 주민으로 만들고 말았다.

코리아타운에 살다 보면 우리끼리 흔히 하는 '여기는 미국 속의 외딴 한 섬'이라는 말에 동의를 할 수 밖에 없다. 그래서 나도 이십년 가까이 라디오방송에서 한국어로 말하고 신문잡지사에서 한국어로 기사를 쓰면서 먹고 살았다.

여기에 모은 글들은 평범한 이민자의 삶의 얘기이다. 거창한 가치를 지닌 것은 아니겠지만 '재미동포'라는 이름으로 동시대를 살아온 한 사람의 기록이 차제에 '글로벌 한국'이 전개해나갈 방향에 다소나마 참고가 된다면 이번에 또 나 때문에 자기의 몸을 내놓은 저 숲속의 나무들에게 조금은 덜 미안할 것 같다.

2016년 여름날,

샌디에고 집필실에서 백 훈

차 례

제2부 여름

제 3부 가을

제 4부 겨울

제 1부

봄

미안해 그냥 미안해

타주에서 대학을 다니고 있는 딸애가 전화를 했다. 조금 전 이메일로 한 서류를 보냈으니 사인을 한 뒤 다시 보내달라고 한다. '그러마' 대답한 뒤 나는 딸애의 안부를 물었다. '일도 하며 공부를 하니 힘들지는 않니? 식사 잘 하고 건강 잘 챙겨라' 그리곤 나도 모르게 한 마디를 더했다. "아빠가 미안하구나." 딸애가 금방 되묻는다. "왜? 아빠에게 무슨 일이 있어?" 나는 머뭇거리며 대답한다. "일은 무슨 … 그냥 미안해서 그래." 한국말이 조금 서툰 딸애는 잠시 생각하는 듯 있더니 제 딴에는 농담이라고 한 마디 한다. "아빠 맘대로 하슈."

나는 흔히 말하는 '올빼미 형' 이어서 밤늦게 자고 아침에 늦게 일어나는 편이다. 딸애 역시 그 체질을 이어받은 것 같다. 내가 밤 2시가 넘도록 글을 쓰다 얼핏 핸드폰을 보면 밤 1시에 혹은 2시에도 애가 '카톡' 을 보내온 것이 눈에 띄곤 했다. 저녁 9시가 넘으면 핸드폰 소리를 꺼놓는 내 습관을 아는 애가 제 편리한 시간에 메시지를 남긴 것이다. 그런 애가 요즘은 저녁 9시 30분이면 잠자리에 든다고 한다. 새벽 4시부터 8시까지 학교 강의실을 청소해야하기 때문이다. 자기는 그 일에 만족한다고 하는데 나로서는 아침잠 많은 딸애가 꼭두새벽부터 일어나 청소하는 모습이 그려지며 마음이 그리 편치는 않다.

60년대 말 독재정권의 고문조작 사건에 연루되어 20년 동안이나 감옥살이를 했던 이 시대의 참스승 신영복 선생은 저서 '감옥으로부터의 사색' 에 어느 더운 여름밤 감옥 안의 풍경을 슬프게 그려 놓았다. 좁은 감방 안에 많은 사람이 있으니 밤이면 칼잠을 자야했는데 옆 사람의 체온을 그대로 감당해야 하는 그 숨 막히는 더위에 그는 자신의 존재 자체가 옆 사람에게 죄스럽고 미안했다고 적어놓았다. (돌아보면 이런 심성을 가진 분을 빨갱이로 조작해 감옥에 가둔 독재정권이 무너지지 않는다면 정말 역사란 우리에게 무슨 교훈을 주겠는가.) 신영복 선생 같은 인식에 비길 수는 없지만 나이를 먹으며 살다보니 나 역시 미안한 것투성이다. 가족들에게 가깝고 먼 이웃들에게 본의 아니게 내가 상처를 입힌 사람들 그리고 나에게 상처를 준 사람들에게도 그냥 미안한 마음이다.

벌써 2년쯤 지난 것 같다. 와이프가 심한 감기몸살을 앓은 적이 있다. 밥도 못할 상태여서 퇴근길에 식당음식을 '투고' 해 함께 먹었다. 그렇게 이틀을 보내고 난 뒤 내가 밥을 하기로 작정을 했다. 물론 전에도 더러 밥을 하긴 했지만 혼자 먹기 위한 것이었고 전적으로(?) 며칠이나마 식구들의 식사를 챙겨본 것은 처음 있는 일이었다. 자랑할 일은 결코 아니지만, 고백을 하자면, 돌아가신 어머니는 남자가 부엌에 드나들면 안 된다는 생각을 지닌 전형적인 구식이었다. 아버지 역시 집안일은 주부가 해야 한다는 생각을 고수했다. 나는 오남매 중 외아들로 라면 하나도 내 손으로 끓일 일이 없었다. 이렇게 보고배운 바가 없으니 가정을 이룬 후에도 나는 가사에는 거의 손을 대지 않았다.

아무튼 와이프의 몸살로 인해 며칠 동안 밥을 하고 설거지를 한 뒤엔 그것이 가정 규칙이 되어 지금까지(아마 앞으로도) 식사 후의 설거지를 내가 도맡아 하고 있다. 나는 설거지하는 시간을 즐긴다(정말이다). 세제로 그릇을 닦은 뒤 물로 씻어내다 보면 내 마음에 묻은 온갖 저속한 것들도 함께 씻겨 내려가는 것 같다. 내겐 더 크고 중요한 일이 있다며 가사를 외면해버린 세월이 길었다. 그러면서도 글로써 일가를 이루지 못했고 성취는커녕 제 그림자를 무거워하며 한 세월을 살았다. 따지고 보면 삶이란 그리 거창한 것도 아니고 일상에서 행복을 찾는 일 일진데 턱없는 편견과 의무감에 사로잡혀 나는 그런 잔잔한 일상이 주는 즐거움을 모르고 살았다. 설거지를 마친 뒤 행주로 그릇의 물기를 닦아내며 나는 혼자서 중얼거리곤 한다. 미안해 그냥 미안해.

사족을 한마디 붙이고 끝내자. 내가 잘 아는 한 선배시인은 '먹고 사는 것이 죄를 짓는 일' 이라는 요지의 글을 썼다. 나의 경우에도 하루를 끝내고 잠자리에 드는 시간이면 잘 한 일보다는 잘 못한 일이 더 많았던 하루를 돌아보며 '죄송해요 회개합니다 하나님' 기도를 매일 드리게 된다.

아브라함의 3 일 길

주제가 무거우니 가벼운 얘기로 시작하자. 내 친구 하나는 여행길에 기념품점에 들르면 꼭 술잔을 산다. 머그잔 같은 것이 아니라 소주잔 크기의 작은 잔을 산다. 저녁 때 반주를 즐기는 그는 이런저런 잔에 소주를 따라 마시는 것도 작은 재미 중 하나라고 말한다.

나의 경우엔 기념품점에 들르면 볼펜을 사게 된다. 그래서 꽤 많은 볼펜을 모았다. 요즘은 컴퓨터로 업무를 보니 볼펜을 쓸 일이 별로 없는데도 볼펜에 대한 나의 애착은 좀처럼 줄어들지 않는다. 내 책상에는 라스베가스 호텔객실의 싸구려 볼펜도 여러 개 있다. 그러니 호텔카지노 로고가 찍힌 볼펜들을 보곤 어떤 사람들은 내가 꽤나 게임을 즐긴다고 생각하던데 나는 게임에는 전혀 흥미가 없다. 모임 때문에 라스베가스에 가끔 가게 될 때면 그저 싼 방 값이 미안해(?) 기념으로(?) 20불정도 슬롯머신을 해보는 것이 고작이다.

구약성경을 보면 아브라함이 아들 이삭을 제물로 바치려는 사건이 나온다. 하나님의 명령을 받은 아브라함은 아들을 데리고 3일 길을 걸어가 제단을 쌓는다. 드디어 아들을 제물로 죽이려는 순간 천사가 나타나 이를 말리며 그의 믿음을 칭찬하는 내용이다.

기독교인이 아닌 사람들은 이 내용에 대해 그렇게 잔인하고 가학적인 하나님을 어떻게 믿느냐며 비판을 하기도 한다. 하지만 아브라함이 살았던 4천 년 전엔 부족들 간에 전쟁과 약탈이 끊이질 않았고, 수많은 신들에게 인간제물을 드리는 의식이 일상화되어 있었다. 우리 한반도와 중국에선 천 년 전만 해도 왕이 죽으면 많은 여인들을 왕의 시체와 함께 산채로 매장해버리는 풍습도 있었다.

물론 그렇다고 해서 아브라함의 사건을 일반화하여 받아들일 수는 결코 없다. 사람에게 있어서 가장 큰 고통은 예나 지금이나 죽음에 자식을 앞세우는 것이라 할 수 있다.

아브라함이 영생을 믿었으므로 그가 아들을 데리고 걸어간 3일 길도 그리 고통스럽지 않았다고 말하는 이들도 더러 있는데 나는 그런 식의 비현실적이고 무지한 믿음에 동의할 수 없다. 부활을 증거하기 위해 오신 예수님도 십자가 전날 피땀을 흘리며 괴로워하셨는데 하물며 인간인 아브라함임에랴. 이 사건의 교훈은 기독교인이라면 아무리 귀한 것도 하나님보다 앞에 두지 말아야 한다는 것이다. 돈, 명예, 건강, 아니 자식까지도 하나님보다 귀하게 여길 수는 없다는 것이다. 아브라함이 얼마나 아들 이삭을 애지중지하며 때론 하나님보다 귀하게 여겼을 지는 성경의 전후를 살펴보면 짐작이 가고도 남는다. 오죽하면 하나님이 그의 믿음을 시험하셨겠는가.

비바람이 몹시도 불던 밤이 지나고 아침에 나가보니 언덕의 나무가 뿌리째 뽑혀 있는 것을 본 적이 있다. 나뭇가지에 매달린 작은 잎사귀 하나가 바람에 흔들리는 것도, 거대한 고목이 쓰러지는 것도 창조주의 섭리에 의한 것임을 우리는 안다. 자연의 이치가 그럴진대 볼펜을 모으고 술잔을 모으는 사소한 애착에서부터 애간장을 끊어내는 고통스러운 일들에 이르기까지 인간세상의 온갖 일들이 어떻게 하나님의 개입 없이 우연히 벌어진다고 말할 수 있을까.

세상에 섞여 살며 돈 문제로 긴장하며 이웃들과 상처를 주고받으며 살다보면 과연 기독교인이라는 나의 정체성은 어디에 있는 것인가 부끄러워지곤 한다. 하나님을 믿는다고 하면서도 하나님보다 돈을 바라보고 자존심을 앞세우던 일이 얼마나 많았던가. '너희는 먼저 하나님의 나라와 그의 의를 구하라' 는 말씀을 따라 기도한다고 하면서도 사실은 그 뒤에 나오는 '그리하면 이 모든 것을 너희에게 더 하여 주시리라' 는 말씀에 더 방점을 두었던 나의 알팍함을 고백하지 않을 수 없다.

하나님을 앞세운다 함은 나 자신만의 이익을 탐하기보다 모두의 이익을 생각하고 내가 다소 손해를 보더라도 병들고 가난한 소외된 이웃들과 함께 하는 삶을 말한다. 하나님의 '뜻이 하늘에서 이루어진 것 같이 땅에서도 이루어지' 기를 소망하는 것이다.

오늘 아브라함의 3일 길을 묵상해본다. 하나님을 주인으로 모시기 위해 자기 목숨보다 더 귀하게 여기는 것을 버려야하는 고통 중에도 묵묵히 3일 길을 걸어가 진정으로 '죽어야 사는' 신앙의 승리의 역설을 보여준 아브라함의 그 위대한 믿음을 나의 삶에도 적용하며 본받고 싶다.

목숨 걸 일 하나

세종대왕 때의 명재상 '황희' 에 관련된 일화이다. 어느 날 두 여종이 서로 다투다 퇴청하고 돌아온 정승 앞에 섰다. "이러이러한 일이 있었습니다." 한 여종이 아뢰었다. "그래, 네가 옳구나." 정승은 대답을 했다. 그러자 다른 여종이 "그 일은 이러이러 합니다." 하고 고해바쳤다. 그러자 정승은 "그래? 너도 옳구나." 대답을 했다. 이를 옆에서 보던 정승의 부인이 한 마디 했다. "아니, 영감은 도대체 누가 옳다는 겁니까? 둘 다 옳다니 말이 됩니까?" 정승은 허허 웃으며 대답했다. "그렇군, 부인도 옳소."

가끔 부부싸움을 하다보면 나는 이 일화가 생각나곤 한다. 그러면 그 때까지 팽팽하게 서있던 자존심의 칼날도 서서히 접히며 맥이 풀려버린다. 무얼 그리 대단한 일이라고 이사람에게 이기려고 애를 썼나… 정말이지 나라는 자는 이렇게 시시하구나.

한국문학사에 길이 남을 '토지'의 작가 박경리 선생은 '사람이란 우주를 품을 듯이 넓은 마음을 갖는가 하면 바늘구멍보다도 작은 것에 집착하기도 한다.'는 요지의 글을 썼다. 인간의 자아, 마음의 본질을 꿰뚫는 표현이라 여겨져 나 역시 자주 이 구절을 인용한다.

내 자신을 반성적으로 돌아볼 때면 사소한 일에도 흥분을 하며 논쟁을 하려드는 것을 자주 본다. 어떤 일로 자존심이 상해서 때론 조그만 손해도 보지 않으려고 혹은 눈을 감아줄 수도 있는 상대방의 작은 실수에도 시시비비를 가리느라 시간을 정열을 낭비하곤 한다. 그리고 그런 뒤에는 어김없이 후회와 자기연민에 빠지곤 한다. (솔직히 나이를 먹어가면서 이런 일이 점점 적어지니 아, 이래서 나이 먹는 것이 좋은 거구나 할 때도 있다.)

몇 해 전 세상을 떠난 법정 스님은 일상의 삶 중에 자칫 게을러지려는 자기 자신을 일깨우는 글을 쓰곤 했다. 수 십 년을 산 속에서 홀로 살아가는 분이 자신의 게으름을 경계하는 것을 보며 나는 솔직히 의아함을 느끼곤 했다. 나 같으면 그야말로 자고 싶을 때 자고 먹고 싶을 때 먹고 책 읽고 싶을 때 책 읽으며 아무런 제약 없이 자유롭게 살 것 같은데… 정말 그러기 위해 산 속에서 홀로 사는 것 아닌가 그리고 그 자체가 수도의 삶 아닌가 하는 생각이 들었다.

물론 홀로 있어도 혼자가 아니요 수행을 통한 자기완성이 결국은 세상을 위한 것이라는 그분의 큰 교훈을 모르는 바는 아니지만 나 같은 보통사람의 생각으로는 세상에 섞여 살아야 모범도 가치가 있고 타인을 위한 배려며 절제와 규율이 필요한 것이지 산 속에서 홀로 살면서 무슨 규율이란 말인가 하는 의문이 들었던 것이다.

그런 의미에서 위의 황희 정승은 생각이 다른 사람들끼리 조화롭게 어울려 사는 지혜를 가르치고 있다. 매사에 마음의 날을 곤두세우고 시시비비를 따지면서 살지는 말 일이다. 미국에서나 한국에서나 눈높이를 좀 낮추고 세상을 더 열린 기준으로 보면, 그야말로 굶어죽을 걱정은 없는 역사 이래 가장 풍요한 시대를 살아가는 것에 감사하며 자족하며 살 수 있을 것이다. 그리고 이를 위해선 한 사람 한 사람의 인권이야말로 목숨을 걸고라도 지켜야 할 가장 소중한 가치임에 공감해야 한다. 그가 장애인이던 건강한 사람이던, 무식하던 많이 배웠던, 가난하던 부자이던 사람의 사람에 대한 예의, 인정과 도리는 마땅히 지켜져야 하는 것이다.

우리 안의 세월호 DNA

미국에 이민 와 처음 몇 년 동안 LA 한인타운에서 살았다. 아이들이 다니는 '코행가' 초등학교 정문 앞의 한 아파트에서 살았는데 나중에 알고 보니 그 학교는 평판이 좋아 많은 학부모들이 보내고 싶어 하는 학교였다. 큰 애의 경우 3학년 전학이 쉽게 이루어져 실감하질 못했는데 둘 째 애가 입학하게 되었을 때 나는 비로소 이 학교의 진가(?)를 알 수 있었다. 입학서류를 접수하는 바로 전 날이었다. 저녁식사를 마치고 베란다에 나왔던 나는 학교 앞에 줄지어 선 사람들을 보곤 깜짝 놀랐다. 저녁 8시도 채 안 된 시간이었는데 100명은 됨직한 사람들이 줄을 지어 서있었다. 아니 대부분 의자를 펼쳐놓고 앉아 있었다. 일부 사람들은 담요까지 두르고 있었다. 마침 옆 베란다에 나와 있던 이웃집 남자가 설명을 해주었다.

"내일 아침부터 입학서류를 접수 한다지요. 그래서 줄을 서있는 거예요. 늦게 접수하면 이 학교에 들어가지 못하고 버스를 타고 다른 학교엘 다녀야 하거든요."

나는 부근에 사는 아이들은 모두 이 학교에 다닐 거라고만 생각하고 있었다. 나는 급한 마음에 서둘러 나왔다. 이민 오면서 가지고 온 오리털점퍼를 입고 식탁의자도 하나 들고 그 줄에 합류했다.

온밤을 지새우며 앉아있자니 그야말로 별별 생각들이 다 마음 속에 피었다 사라져갔다. 나는 이민을 온 후 초라해진 존재감을 다시 한 번 실감하고 있었다. 이렇게 줄을 서서 기다려야만 하는 현실이 더욱 초라하게 느껴졌다. 한국에서라면 어떻게든 선을 대서 이런 절차 없이 애를 입학시켰을 것이다. 나는 무언가를 위해 긴 줄을 서본 기억이 거의 없다. 항공권이든 귀성 기차표든 하다못해 스포츠 경기 입장권도 관계자를 연결해 특혜를 받았다. 그런 것을 능력이라 생각했고 당연하게 여기며 살았다.

돌이켜보면, 그날 밤, 나는 일부 한국인들과 동양인 남미인 백인 흑인들 틈에 끼어 앉아 '여기는 미국이야. 이런 사회가 건강한 거야. 지극히 정상적인 거야'를 속으로 되뇌고 있었다.

세월호 참사가 발생했을 때 처음에는 선장과 선원들의 행동에 대해 분노했지만 그런 참사가 일어날 수밖에 없었던 원인들을 짚어가다 보니 정말 어지러웠다. 선박회사와 관련기관의 결탁은 말 그대로 복마전이었다. 얽히고설킨 부패고리와 사회전반의 안전 불감증, 이기심과 탐욕이 참사의 원인임을 알 수 있었다. 그러니 기성세대의 한국인이라면 누가 그 원죄에서 벗어날 수가 있을까. 희생자에 대한 추모행렬이 이어지고 '미안합니다. 잊지 않겠습니다' 라는 말이 모두의 가슴에 새겨지는 것은 당연한 귀결이었다. 고백하자면 내가 반성의 의미로 위의 추억을 떠올린 것도 이와 무관하지 않다.

저마다 그 해결책을 말하고 있지만 세월호 참사에 있어서 누구보다 큰 책임은 관련기관에 있다고 나는 생각한다. 한국은 관료들이 바로 행동하면 대부분의 문제가 해결된다. 낡은 배를 들여와 증축을 하고 영업허가를 얻어 운행을 하자면 관련기관의 허가며 지속적인 감독이 있어야만 한다. 배가 승선인원도 제대로 보고하지 않고 엄청난 과적을 했어도 현장에서 아무런 제재를 받지 않았다는 것은 뇌물상납 고리와 부패가 구조화 되어 있어 하위직인 담당자 선에서는 조치를 취할 수도 없었음을 말한다. 따라서 이런 참혹한 사건이 재발되지 않으려면 구조를 바꾸어야 한다. 고위직은 물론 하위직 관료들에게도 책임을 물어야만 한다. 또한 세월호 회사의 직원들도 급여에 목이 매여 사주들의 지시를 따를 수밖에 없었다고 하지만 법을 위반한 것에 대해서는 반드시 책임을 물어야만 한다. 그래야 이런 참사의 재발을 막을 수가 있으며 우리에게 미래가 있다. 청소년들의 희생이 의미를 지닌다.

생각할수록 부끄러울 뿐이다. 우리세대들이 세상 불평등과 불의에 분노하던 청년 시절엔 우리가 기성세대 되어 세상을 이끌게 될 때면 세상이 조금은 더 깨끗해지고 정의로워질 것이라 생각했었다. 그런데 현실은 어떤가. 부모들의 시대보다 오히려 인간성은 황폐해지고 사회는 더욱 험악해졌다. 내 가족 내 자식만 위하는 이기적인 마음들이 들끓는 탐욕의 세상이 되었다. 부모세대 덕에 굶지 않았는데 더 공부도 했는데 현재의 우리세대는 인정도 메마른 더 삭막한 세상을 만들었다. 그 결과 이런 참사를 낳게 되었다.

꽃 같은 나이의 청소년들이 기성세대들의 이기심 때문에 희생당한 사건을 보며 나는 예수님의 십자가를 생각한다. 정말이지 우리 인간들이란 죄 없는 순결한 희생을 보아야만 비로소 정신을 차리는 모양이다. 지금은 진정한 회개와 너와 나 우리의 핏줄에 흐르는 세월호 DNA를 단절시키려는 치열한 자기성찰이 필요한 때이다. 저 바다에서 청소년들이 짊어진 십자가의 희생을 헛되이 떠내려 보낼 수는 없다. 세월호 참사는 탐욕의 기성세대를 향한 마지막 경종의 메시지이다.

사소한 지극히 사소한

아침 출근시간 나는 거울 앞에 서있다. 한국에서의 직장생활 습관 때문인지 주중에는 양복을 입는 것이 오히려 편하게 느껴진다. 내 사무실을 갖게 되면서부터는 다만 넥타이를 잘 매지 않는다. 지금 나는 셔츠의 맨 윗단추를 채울까말까 망설이고 있다. 넥타이 없이 셔츠를 입을 때면 맨 윗단추를 푸는 것이 보통인데 그러면 셔츠 안으로 내의가 드러나 보이곤 한다. 마치 여성들의 속치마가 밖으로 보일 때처럼 눈에 거슬린다. 그러니 셔츠의 맨 윗단추를 채우면 그만인데 사람들이 잘 하지 않는 모양이라 망설여지는 것이다. 나는 거울 앞에서 또 한 번 풀었던 단추를 채워본다. 그리곤 다시 푼다. 나는 가볍게 한숨을 쉬며 거울 앞에서 물러난다.

사람의 취향도 세월을 따라 변하는 모양이다. 사실은 삼십대 때만 해도 위와 같은 의식이 없었다. 나름대로 멋을 내느라 양복이며 넥타이 무늬에도 신경을 썼다. 넥타이핀도 꼽고 와이셔츠에는 커프스버튼도 끼곤 했다. 머리에 하이라이트를 하는가 하면 양복 위에 빼지도 달고 다녔다. 그러던 것이 나이를 먹으면서는 이런 모양이 남들의 시선을 끄는 것 같아 어색하기만 하고 감당이 잘 안 된다.

돌이켜보면 우리 아버지는 나이가 들면서 오히려 눈에 띄는 색깔의 셔츠를 더 입고 자주색 바지에 백구두 등 화려한 차림을 즐기셨는데 나는 그런 차림을 잘 하지 못한다. 머리 모양이며 안경도 구두도 그저 평범해야 마음이 편하다. 내가 평소 아내의 차를 잘 몰지 않는 이유도 그 빨간색이 튀어 보인다는 생각 때문이다. 여러 사람들이 있는 곳에서는 드러나 보이지 말고 그냥 섞여있어야 은폐되어(?) 있어야 편하다.

점심시간에 사무실 근처의 '인 앤 아웃'으로 간다. 오늘은 우유 한 잔으로 아침을 때웠으니 사실은 밥이 먹고 싶은데 약속도 없고 오늘따라 함께 갈만한 사람이 없으니 한식당을 포기하고 햄버거를 먹기로 한다. 나는 혼자서는 좀처럼 한식당엘 가지 않는다. 대중식당에서 혼자 앉아 식사를 하다보면 왠지 처량한 기분이 들기도 하고 무엇보다 이런저런 밑반찬을 날라주며 상을 차려주는 웨이트리스에게 눈치가 보인다. 혼자서 받아먹기가 미안하다. 그래서 햄버거를 먹거나 별로 눈치가 보이지 않는 (밑반찬들이 없어서 인가?) 데니스 등의 미국식당에 가게 된다.

오후의 한 때 거래처의 주차장이다. 차에서 내리며 나는 조심스럽게 차문을 닫는다. 며칠 전 차문을 닫다가 오른손 엄지손가락이 문틈에 끼는 바람에 손톱이 새까맣게 죽어버렸다. 아픔은 가셨지만 엄지손톱에 신경이 무척 쓰인다. 누군가와 악수를 할 때, 은행에서 마켓이나 식당에서 손을 내밀 때 새까만 손톱이 먼저 눈에 들어오니 공연히 손이 움츠러든다. 누가 묻는 것도 아닌데 '손가락이 문틈에 끼어서요…' 라고 설명을 하기도 한다.

프리웨이를 타고 집으로 향하며 습관처럼 라디오를 켠다. 항상 듣는 FM 104.9 클래식 음악방송이다. 멕시코에서 보내는 것이라 영어와 스패니시로 방송을 한다. 어차피 말보다는 음악을 듣는 시간이 훨씬 길므로 불편함도 별로 못 느낀다. 하지만 이곳 샌디에고는 미국에서도 8번째로 인구가 많은 대도시라는데 클래식 라디오방송이 하나도 없다는 것이 한심하다. 수년 전엔 개들을 위한 TV방송이 샌디에고에 생겼다며 화제도 되었었는데 그렇다면 클래식 애청자는 개만도… 아이고, 그만두자. 나는 정말 이래서 모든 것이 돈으로 환산되는 자본주의가 싫다.(스칸디나비아식의 제도가 좋은 것 같다.)

"재미있어?" 언젠가 클린턴의 자서전 '마이 라이프' 를 읽고 있는데 한 친구가 물었다. "별로…" 라는 나의 대답에 "그러면 왜 읽어?" 친구가 다시 물었다. 나는 잠시 생각하다가 "어떤 사내는 사십대에 이미 세계를 다스리는 사람이 되었는데 나는 아직도 제 그림자가 무거우니 이 엄청난 거리가 무엇인지 알고 싶어서…" 뜻밖의 진지한 나의 대답에 친구는 어깨를 한번 으쓱한 뒤 돌아섰다.

하루를 보내며 사소한, 지극히 사소한 것들에 신경을 세우고 사는 나의 일상에 한숨이 나올 때가 자주 있다. 어디를 가더라도 나는 '하나님의 자녀'라는 당당함이 체질에 배어 있어야 하는데 소심해지고 움츠러드는 것이 먼저이니 참 문제이다. 그래서 이를 극복하라고 '항상 기뻐하라. 쉬지 말고 기도하라'고 성경에서도 가르치신 것 같다. 당시엔 이해하기 어려웠지만 '단 오 분만 하나님 생각을 하지 않아도 사탄이 파고 든다' 설교하신 고등학교 시절 담임목사님의 말씀도 나는 위의 성경구절과 같은 의미로 마음에 새긴다.

그리고 클린턴의 '마이 라이프'와 내 사소한 삶의 기록에서의 방점을 지금의 나는 하나님(예수님)에게 둔다. "미국의 대통령과 동시대를 살아온 존재감 없는 한 사내를 하나님이 어떻게 동일하게 사랑하시는지를 알고 싶어서…" 친구가 다시 묻는다면 이렇게 대답을 들려주고 싶다.

인간의 인간에 대한

북한 지하교인들의 참혹한 삶을 담은 영화 '신이 보낸 사람'을 보며 경악과 분노 이어서 진한 슬픔을 느낀다. 영화를 마치는 자막이 나올 때 공개되는 실재의 고문, 총살 장면을 대하면서는 '사람이 저런 모양으로까지 살아야 하나…' 나는 삶의 의욕조차 사라지는 것 같았다. 그야말로 인간의 인간에 대한 절망을 느꼈다. 옆에서 함께 보던 아내 역시 한동안 말을 잃고 눈물만 닦는다.

영화를 본 사람들은 대부분 그랬으리라. 나 역시 처음에는 그저 한숨만 나왔고 두 번째는 '저거 진짜야?' 질문이 던져졌다. 끝내는 '나 같으면 어떻게 했을까…' 자신에게로 시선을 되돌리게 되는 것이었다.

"남한이라고 뭐가 달랐나? 저런 고문은 군사정권 때 흔히 자행됐던 거야. 전통, 노통 때에도 흔히 벌어졌다구. 사람을 각목으로 때리고 짓밟고 물에 처박고 벌거벗겨 매달고 전기고문하고…”

나는 허탈한 감정을 털어버리기 위해 고개를 저으며 말을 뱉는다. 하지만 마음 한편에서는 아직도 현재형으로 존재하는 기억이 되살아나는 것을 어쩔 수가 없었다.

매스컴에서 말하는 7080세대라면 흔히 겪었던 일이다. 어제까지 함께 공부하던 친구가 갑자기 경찰에 안기부에 끌려가곤 했다. 영장도 없이 끌려가 매질을 당하고 고문을 당했다. 학생들의 민주화 운동은 빨갱이 운동으로 조작되었다. 갑자기 없어진 아들을 찾으려 부모는 경찰로 검찰로 연줄에 연줄을 찾아 헤매곤 했다.(쌈짓돈을 들고, 위의 영화처럼!) 어떤 친구들은 불구가 되어 돌아왔고 어떤 친구들은 감옥으로 끌려갔다. 그리고 (나를 포함해) 더 많은 친구들은 ‘살아남은 자의 슬픔’ 과 부끄러움으로 자학하며 학교 앞 대폿집에서 양희은의 아침이슬을 김민기의 친구를 불러댔다.

물론 우리의 경우 군사정권이 막을 내린 지도 20년이 넘었으니 이젠 그런 식의 고문이 행해진다고는 생각되지 않는다. 하지만 사람의 불신은 피해의식은 세월이 흐른다고 해서 쉽게 지워지는 것이 아니다.

많은 학생들 민주인사들을 간첩으로 조작했던 사건들로 인해 내게는 우리 정부에 대한 불신이 아직도 남아 있다. 지금은 해소

되었지만 KAL기 폭파사건도 어쩌면 남측의 조작이며 김현희 역시 가짜일지도 모른다는 의혹을 오랫동안 풀지 못했다. 가까이는 천안함 사건도 혹시 조작은 아닐까 하는 의심을 한동안 품었었다. 또한 정부가 간첩단 사건을 발표할 때면 의심부터 하게 된다. 이처럼 북한과 연결되는 사건이 터질 때마다 일단 정부를 의심하게 되는 이 뿌리 깊은 불신은 정말이지 언제나 극복이 될지 모르겠다.

하지만 이 정도로 해두자. 오늘 내가 정작 쓰고 싶은 것은 이 땅에서 혹은 대한민국에서의 예수 믿기에 대한 이야기이므로. 영화를 본 뒤 진지하게 자신에 대해 생각해보았다. 나는 예수를 믿은 후 손해를 봤나? 혹은 이익을 더 보았나?

부끄러운 고백이지만 손해를 본 기억은 별로 없다. 예수를 믿고 복을 받아서가 아니라 손해를 볼 것 같으면 믿음을 접었기 때문이다. 이를테면… 한국에서 직장생활을 할 때, 회사에서는 가끔씩 고사를 지내곤 했는데 나는 선배들을 따라 돼지머리에 막걸리를 따라놓고 절을 하곤 했다. 당시 회사의 대표이던 분은 중요한 회의 날짜도 점쟁이에게 묻고 잡는 분이었는데 나는 그의 명령으로 심부름을 다니곤 했다. 그러면 어떻게 하라고? 고사를 거부하여 단합을 저해시키는 자로 찍혀 회사에서 쫓겨나볼까. 점치러 가는 것은 우상숭배와 같으니 저는 회장님의 심부름을 못 갑니다 해야 할까. 회식 자리의 폭탄주에 취해 택시를 잡아타고 집으로 향하며 나는 내 자신이 그야말로 '술 권하는 사회'에 나오는 주인공이나 된 것처럼 비감해하곤 했다.

그나마 어려서부터 하나님을 믿었기에 어떤 경우에도 뇌물을 거절했고 정당한 부수입도 반드시 직원들과 함께 나누었다는 것이 조금은 점수가 될까. 그리고 주일이 되면 교회를 다녔으니 이 또한 신앙생활을 잘 한 것이라 할 수 있을까.

세월이 흘러 나이를 먹으니 좋은 점도 있긴 하다. 이젠 위와 같은 갈등을 그리 겪지 않아도 되기 때문이다. 내가 싫은 자리, 하면 안 되는 역할은 거절을 할 수 있는 소신도 생겼다. 믿음이 성숙 되어서라기보다는 사실은 살아갈 날들이 산 날보다 적을 것이라는 인식이 나로 하여금 혹시 닥칠지 모를 위험 혹은 손해 앞에서도 용기를 갖게 한다.

오랫동안 나는 그저 나의 행동이 남들에게 피해만 주지 않으면 된다고 생각했다. 하지만 성경이 줄곧 가르치는 것은 고아, 과부로 상징되는 못 사는 사람들 소외된 사람들을 도와주며 함께 살라는 것이다. 무엇이든 움켜쥐지 말고 나누며 살라는 것이다. 그리고 하나님의 법은 세상에서는 손해를 보는 법이다. 세상 법은 '눈에는 눈 이에는 이'를 말하지만 하나님의 법은 용서하고 양보하고 베풀 것을 요구한다.

때때로 세상 사람들이 '믿는다는 사람이 왜 저래?' 하는 것은 용서, 양보를 기대했는데 그런 것은 보이지 않으니 믿는다는 말은 하지도 말라는 뜻으로 새겨야 한다. '당신들은 알면서도 속아주어야 져주어야 하는 것 아니냐?' 하고 말하는 것이다.

이 땅의 성도들은 오늘도 하나님의 '뜻이 하늘에서 이루어진 것 같이 땅에서도 이루어지'기를 소망하며 주기도문을 왼다. 하나님의 뜻은, 이웃에 세상에 대해 져주고 손해를 보라는 것이다.

수년 전, 교인들과 함께 중동에 선교하러 갔다가 대표로 순교당한 어느 목사님이 평소 강조했다는 말씀처럼 성도란 '배워서 남 주나?'라는 말을 '배워서 남 주자!'로 바꾸어 행하는 사람들이다.

내가 알고 하늘이 아는 일

세상에는 두 종류의 사람이 있다. 하나님을 믿는 사람과 믿지 않는 사람. 물론 하나님을 믿는다지만 안 믿는 것처럼 사는 이도 있고, 하나님을 믿지 않지만 기독교의 가르침대로 이웃사랑을 실천하려 애쓰며 사는 사람도 있으니 어쩌면 네 부류로 나누는 것이 좋을 것 같다. 하지만 하나님을 믿는 사람인지 아닌지는 누가 뭐라 해도 내가 알고 하나님이 알고 있으니 이렇게 두 종류로 나누기로 한다.

사람은 남을 정확히 판단할 수가 없다. 주관적인 평가를 내릴 수밖에 없기 때문이다. 내게 좋은 사람이면 아무리 남들에게 지탄을 받는 사람일지라도 애정의 눈으로 보게 되고 내가 싫은 사람이면 남들이 훌륭한 사람이라고 말해도 부정적으로 보게 마련이다. 여기에 덧붙여져서, 상대가 나쁜 사람인 줄은 알지만 내게 이익이 된다면 긍정적으로 받아들여지는 것이 또한 사람의 마음이다.

중국 고사에 나오는 이야기이다. 황제의 총애를 받는 한 신하가 궁에서 일을 하다가 부친의 위독 소식을 들었다. 그는 급한 마음에 황제전용 마차를 타고 부친의 집으로 달려갔다. 이것이 문제가 되자 황제는 효성이 지극한 신하에게 상을 내림이 마땅하다며 칭찬을 했다. 어느 날 이번에는 다른 신하가 부친의 임종을 지키기 위해 황제의 마차를 사용했다. 그러자 황제는 그 신하에게 황제를 능멸한 대역죄를 적용해 목을 베게 했다. 이것이 세상이다. 정도의 차이가 있을 뿐 세상은 내 기준으로 살아가게 마련이다.

부끄러운 고백을 하자. 나는 자신이 착한 편에 드는 사람이라고 생각했었다. 평소 남에게 싫은 소리를 거의 못하는 성격이다. 심지어는 무언가를 빌려준 뒤 시일이 흐르면 달라고 하는 것이 당연한 일인데도 상대가 무안해 할까봐 말을 잘 못하고 혼자서 속을 끓이곤 한다. 내게 무언가를 사정하는 사람들을 잘 뿌리치지 못한다. 또한 남이 조금이라도 부담스러워한다는 생각이 들면 아무리 내게 필요한 것이라고 해도 입이 잘 떨어지질 않는다. 극한 상황에 처해보지 않아서 그런다고? 그 말이 맞는 것도 같지만 아무튼 이런 이유로 나는 자신을 착한 편에 드는 사람이라고 생각했었다.

그런데 나이를 먹어가면서 비로소 깨달았다. 나는 그저 마음이 약한 사람일 뿐이다. 남들에게는 위와 같이 대했는지 모르겠지만 그 때문에 정작 소중한 가족들을 잘 건사하지도 못했고 때로는 가족이라는 이유만으로 양보를 강요하기도 했으니 따지고 보면 위선자에 다름 아닌 사람이다. 남에게 신경을 쓰느라 나의 가족들에게는 무정했거나 책임을 다하지 못했으니 착하기는커녕 악하고 무능한 사람일 뿐이다. 생각해보면 사람들이 흔히 빠지는 함정 중 하나가 바로 착함과 약함의 혼동인 것 같다.

그런 의미에서 예수님이야말로 선하면서도 강한 분임을 다시 깨닫게 된다. 가난하고 병든 사람들을 위해 눈물을 흘리던 예수님은 또한 예루살렘 성전이 장마당으로 변질된 것에 분노하여 채찍을 휘두르며 장사꾼들을 몰아내기도 하셨다. 제자인 베드로의 믿음을 칭찬하시던 예수님은 또한 베드로가 예수님의 십자가를 반대하니 '사탄아 물러가라. 하나님의 일을 생각하지 않고 사람의 일만 생각하는구나.' 라고 꾸짖기도 하셨다.

'정의가 없는 사랑은 감상일 뿐이요 사랑이 없는 정의는 또 하나의 불의이다.' 존경하는 강원룡 목사님의 자서전에서 읽은 이 한 마디가 내게 착함과 약함에 대한 각성을 주었다.

세상에는 하나님을 믿는 사람과 믿지 않는 두 종류의 사람이 있다. 누가 뭐라고 해도 내가 알고 하늘이 아는 일이다. 그리고 하나님을 믿는 사람들은 자신의 약함에 대해 그리 걱정하지 않는다. 사도바울은 약한 그 때에 오히려 강해지는 이치를 설명하며, 그리스도의 능력이 자신에게 머물게 하기 위해 자신의 약한 것들을 자랑한다고 말했다(고린도 후서 12:9-10). 약한 사람도 희망을 갖는 이유이다.

공평하신 하나님

나는 대부분의 기계를 잘 다루질 못한다. 컴퓨터를 비롯해 TV, 핸드폰 등 일상의 필수품이 되어버린 기계들도 능숙하게 다루질 못한다. 그래서 내게 꼭 필요한 기본적인 사양만 익혀서 사용을 한다. 어쩌다 좌판을 잘 못 누르곤 평소대로 작동이 되질 않아 애를 먹는 경우가 한두 번이 아니다. 이런 형편이니 새로운 기능이 업그레이드된 신형이 나오는 것도 반갑지가 않다. 반갑기는 커녕 구형을 고집하다가 시대에 등을 떠밀려 어쩔 수 없이 새로 구입을 하게 된다. 특히 핸드폰의 경우 그 진화의 속도가 어찌나 빠른지 도무지 따라 잡을 수가 없다. 자동차도 그렇다. 조금만 소리가 이상하면 겁부터 난다. 마치 영화의 한 장면처럼 타이어가 튕겨나가거나 불이 붙는 것 아닌가 걱정까지 하게 된다. 그러니 엔진오일을 교환할 때면 일하는 사람에게 이것저것 잘 보아 달라는 부탁을 잊지 않는다.

나의 지인 중엔 핸디맨으로 살아가는 이가 있다. 그는 미국에 이민 와 컴퓨터공학을 전공한 뒤 큰 회사에 들어갔는데 소수민족들이 흔히 부딪치게 되는 '유리벽' 에 회의를 느껴 회사를 그만 두고 핸디맨으로 나섰다. 잡일도 많긴 하지만 자신의 기술로 일한만큼 정당하게 밥을 벌어먹는 것이 속편하다고 말한다. 그는 매번 폐차 직전의 헌 차를 사다가 차고에 세워놓고는 시간만 나면 차에 매달려 고쳐서 파는데 그것이 취미이자 부업이다. 차를 판 뒤엔 '워런티' 를 잘해주니 평판도 좋다. 그 뿐 아니라 그는 이런저런 기계 만지는 것을 좋아한다. 언젠가는 우리 집에 놀러와 다 망가진 카세트 라디오가 한구석에 있는 것을 보곤, 쓰지도 않으니 그냥 두라는 나의 만류에도, 한 시간 가까이 만지더니 말짱하게 고쳐놓기도 했다.

또 한사람의 지인 K는 삼십대 중반의 나이에 미국에 유학 와 십 년 넘게 공부를 하고 있다. 부인이 장사를 하며 뒷바라지를 하였기에 큰 어려움 없이 공부를 했고 이제 곧 박사학위를 취득하게 된다. 얼마 전, 몇 사람이 둘러앉아 이야기를 나눌 때 "하나님이 나에게는 물질의 축복을 주시질 않았어요. 물질의 축복을 주셨으면 넓은 집에 살면서 이런 때에 여러분들을 초대해 기념 파티라도 열 텐데 말입니다." 라고 K가 말했다. 그러자 다른 지인이 정색을 하며 "K형은 욕심도 많네. 십년 넘게 박사 따는 공부를 할 수 있었으니 이게 보통 축복입니까? 아니, 배우자의 축복을 주신 건가··" 라고 말을 해 모인 사람들은 다 같이 웃었다.

그들과 헤어져 집으로 돌아오는 길에 "K형은 욕심도 많네…" 라던 그 지인의 말이 자꾸만 떠올랐다. 왠지 나에게도 해당되는 말 같다는 생각이 들었다. 나는 중학교 시절 교과서에 실린 황순원의 '소나기'를 읽으며 '나도 아름다운 소설을 쓰는 작가가 되어야지.' 하는 꿈을 가진 이후 그 길을 추구하며 살았다. (하지만 아직까지도 이렇다 내세울 만한 작품이 없어 부끄럽기만 하다.) 먹고 살기 위해 이런 저런 일을 해오면서도 언제나 그것은 부업이요 소설이 본업이라고 여기며 살았다. 그리곤 K처럼 '하나님이 나에게는 왜 물질의 축복을 주시지 않으셨을까?' 라는 말을, 생각을 자주 해왔다.

다시 위의 이야기로 돌아가 보자. 기계를 잘 다루지 못하면서도 나는 기계의 매뉴얼을 읽는 시간을 싫어하고 못견뎌한다. 이를 테면, 핸드폰을 새로 구입한 뒤 매뉴얼을 읽다보면 30분만 지나도 머리가 지끈거린다. TV 조작의 스트레스는 말할 것도 없다. 정말이지 소설쓰기나 읽기를 위해서는 수시로 온밤을 지새우기도 하면서 정작 기계를 위해서는 시간을 쓰지 못한다. 노력은 하지도 않으면서 그저 기계 잘 다루는 사람을 부러워만 하고 있다. 그러니 따지고 보면, 하루 종일 글쓰기를 생각하는 사람이 혹은 공부를 생각하는 사람이 하루 종일 돈벌이에 종사하는 사람과 같기를 바랄 수는 없는 것이다.

나이를 먹고 나니 내가 청춘을 젊음을 통틀어 추구했던 것이 돈이 안 되는 것임을 (통계학적으로도) 다시금 절감한다. 왜 나의 아버지가 그렇게 안타까워했는지도 알 것 같다. 하지만 말이다. 지금부터 다시 시작을 하라고 해도 나는 여전히 글쓰기를 선택할 것이다. 돈 버는 일에 열심히 시간을 보내기보다 최소한의 생활여건이 마련되면 글쓰기에 매진을 할 것이다. 여전히 이름 없는 작가로 존재감 없이 살 수밖에 없다고 하더라도 나 자신에게 진실한 글을 쓸 수 있다면, 그 글이 세상을 따뜻하게 만드는 데 조금이나마 기여를 할 수 있다면 다른 무엇이 줄 수 없는 행복을 느끼며 살 것이다. 그러니, 이제는 더 이상, 하나님의 물질 축복 운운은 하지도 말아야겠다. 누가 뭐라 해도 하나님은 공평하신 분이니까.

아버지랑 똑같아

누나가 샌디에고엘 다녀갔다. 누나는 미국에 이민 온지 30년이 넘었고 나는 17년이 되었는데 조지아와 캘리포니아라는 거리가 있다 보니 잘 만나지 못하고 산다. 그나마 부모님이 계셨을 때에는 날을 정해 한국에 나가 가족모임을 갖곤 했지만 부모님이 돌아가신 뒤로는 가끔씩 전화로나 안부를 챙기는 형편이다. 그런 누나가 일부러 시간을 내어 조카애까지 데리고 샌디에고를 방문했다. 정확히 말하자면, 자기가 나온 창덕여고의 동창회가 오렌지카운티에서 열렸는데 그리운 친구들을 만나러 참석했다가 내게도 들른 것이다.

아무튼 모처럼 누나와 많은 이야기를 나누었는데, 어릴 적 추억을 회상하다보니 어떤 것은 자기의 기억이 정확하다고 서로 우기기도 했고, 케케묵은 가족사를 들추어서는 그 때는 내가 옳았었다며 말다툼을 벌이기도 했다. 부모님은 4녀 1남의 자식을 낳았는데 누나가 맏이 내가 둘째이다. 이처럼 적지 않은 식구가 되다보니 우리에겐 되돌아볼 추억거리도 많기만 하다. 그런데 떠나기 전 날, 저녁을 먹으며 이야기하던 중 누나가 문득 "얘, 너는 아버지랑 어쩜 그렇게 똑같니?" 라고 말을 했다. 나는 정말이지 깜짝 놀랐다.

아버지는 경남 진영에서 초등학교만 졸업한 뒤 맨손으로 서울에 올라와 고학으로 대학까지 다닌 강인한 분이었다. 청계천의 평화시장에서 평생 봉제공장을 했는데, 아버지의 표현에 의하면, 촌놈이 서울에 올라와 살면서 장가들어 처자식 잘 먹였고 공부도 시켰으며 내 집도 가졌으니 그래도 할 만큼은 한 것 아니냐며 자부심을 가진다고 했다.

나는 아버지를 닮지 않았다고 생각하며 살았다. 아버지는 하나뿐인 아들이 유약한 것이 늘 불만이었다. 대학도 국문학과에 들어가 글을 쓰고 다니는 것을 못마땅해 했다. 내가 소설로 등단한 뒤, 첫 번째 작품집을 냈을 때에도 몇 페이지만 들춰보고 던져버릴 정도로 문학에는 무관심했다. 그까짓 글 쓰는 것으로 처자식이나 제대로 돌보겠느냐며 딱해하던 아버지가 언젠가 내게 던진 한 마디는 오랜 세월이 흐른 지금도 내 마음에 각인이 되어 있다. '자본주의 사회에선 돈이 인격이다.'

아무튼 평생 장사를 한 아버지와 달리 나는 직장생활을 했고,

아버지가 지인들과 어울려 운동을 하고 마작을 하며 사교춤을 추고 다닐 때, 그 나이의 나는 문인들과 어울려 시를 말했고 책을 읽고 음악을 들으며 소설을 썼다. 그렇게 아버지와 나는 수십 년 정말이지 다른 삶을 살았다. 그런데도 누나는 내가 아버지를 꼭 닮았다고 말한다. 기질과 성격, 말투까지 닮았다는 것이다. 평생을 다른 것을 추구하며 다른 일을 하며 살았는데도 나는 아버지와 똑 같단다… 그러니, 성격은 운명이라더니 과연 그런 것인가. 환경이 사람을 만든다는 것도 틀린 말 같다.

흔히 예수님을 영접하는 순간부터 사람은 삶이 확 변한다고 말한다. 그런데 세상풍습과 시류를 따라서 살다가 어느 날부터 교회엘 다니면서 변화가 된 것일까. 사람은 쉽게 변하지 않는다. 많은 사람들이 잠시 동안의 충격(은혜)이 가라앉은 뒤에는 도로 옛날의 모습으로 돌아가는 것을 자주 본다. 그러면서도 '나는 이제 변화 되었어' 스스로 속으며 교회의 뜰만 밟고 다닌다. 부끄러운 고백이지만 내 자신이 그랬다(그런다). 정말이지 사람이 조금이라도 변하려면 오랜 동안의 노력과 인내가 필요하다. 교인들이 흔히 하는 말처럼 '그 때 내가 뒤집어졌지'는 없다. 치열하게 자신과 싸워야 한다. 내가 살아있는 한 결코 변할 수가 없다. 내가 죽어야 변한다. 나의 자아를 십자가에 못 박아 버리기 전에는 결코 변할 수가 없다. 기독교는 역설의 종교이다. 버려야 채워지고 낮아져야 높아지고 죽어야 사는 역설의 종교이다. 그리고 내가 죽는 법은 꾸준한 성경공부와 기도에서만 찾을 수가 있다.

나이를 먹으면서 가끔씩(아니, 자주) 생각을 하게 된다. 이 나이에 아버지의 모습은 그랬었지, 아버지는 이렇게 사셨지… 이런 생각을 하다보면 때로 기가 죽기도 한다. 내 나이의 아버지는 다소 세상적인 성취를 했고 재산도 마련했는데 나는 가진 것이 없기 때문이다. 하지만 부럽지는 않다. 내가 추구해온 삶의 방향이 아버지와는 다르므로. 무엇보다도 끝내 아버지에게 전도를 하지 못한 것이 죄송스럽다.

지금도 가끔 아버지의 목소리가 들려오는 것 같다. 아들은 나 혼자요 네 명의 딸들이 있는 가정이다 보니 어려서부터 공기놀이를 하고 오재미를 같이 하며 노는 나에게 아버지가 종종 하던 말씀이 들려오는 것 같다. '사내놈이!'

성(性)문화 어디까지

영화이야기로 시작하자. 오래 전, 내가 중고등학교에 다니던 시절엔 소풍만큼이나 즐거운 학교행사가 또 하나 있었다. 바로 단체 영화 관람이 그것이었다. 중간, 기말고사 같은 중요한 시험이 끝나는 날에는 선생님의 인솔 하에 단체로 영화를 보곤 했는데, 학교도 일찍 마쳤겠다, 우리들은 가벼운 마음으로 삼삼오오 짝을 지어 극장으로 달려가곤 했다.

당시 나의 친구 중에는 자타가 공인하는 영화광(요즘 말로는 '영화 폐인' 이라고 하던가)이 한 명 있었다. 이 친구는 좋아하는 프로를 손꼽아 기다렸다가 반드시 상영 첫날에 보는 자기만의 원칙을 정해놓고는, 이를 지키기 위해 학교를 몰래 조퇴 한다든가 부모에게 책을 산다고 속여 돈을 타내는 일들을 서슴지 않고 저지르곤 했다. 학생관람 불가 영화일지라도 목표로 정했으면 아버지의 옷을 몰래 입고라도 기어이 보았다. 그리곤 자신이 본 영화에 대한 감상평에 곁들여 이를 보기위해 감행했던 이런저런 사연들을 무용담처럼 들려주어 친구들의 부러움(?)을 한 몸에 받기도 했다.

그 친구는 특히 프랑스 영화를 좋아하여 프랑스 영화야말로 진정한 예술영화라는 주장을 펴곤 했다. 사실 나로서는 이 친구가 흥분을 하며 설명을 할 때는 반신반의했었는데, 수업시간에 영화에 대한 이야기를 가끔씩 들려주었던 국어선생님이 어느 날 프랑스 영화는 다소 지루하거나 난해한 면들도 있지만 예술적인 것들이 많이 있다는 설명을 해준 뒤로는 그 친구가 새삼스럽게 대단해 보였던 기억도 있다. 아무튼 그런저런 이유로 나에게는 프랑스 영화는 예술영화라는 생각, 더 나아가 프랑스 문화는 고상하다는 편견이 지금까지도 뿌리 깊게 형성되어 있다.

얼마 전, 자주 들러보는 웹사이트에 '어느 프랑스 가족의 섹스연대기(Sexual Chronicles of a French Family)' 라는 영화가 올라왔다. 설명에는 10대 및 20대의 아들과 딸, 40대의 부부, 70대의 할아버지에 이르는 한 가족의 섹스 생활에 관한 기록이라고 적혀 있었다. 문득, 일본의 한 저명한 민속학자가 문화를 일컬어 '한 개인의 버릇을 습관이라 말하고 한 집단의 버릇을 문화라고 말한다' 라고 정의해 놓은 것이 생각났다. 나는 프랑스 문화의 한 단면을 본다는 마음으로 영화를 다운 받았다. 더구나 프랑스 영화는 예술적이라지 않았던가…

영화에 등장하는 한 70대 노인은 몇 해 전 상처를 했는데 성욕의 해소책으로 정기적으로 매춘부를 찾고 있었다. 새로운 반려자로 사람을 만나면 책임도 따르기 때문에 차라리 매춘부를 사는 것이 편하고 좋다며 그는 담담히 말했다. 그런가 하면 주인공 격인 40대의 부부는 성을 즐기기 위해서는 때로 바람을 피워도 좋다는 식의 대화를 자연스럽게 나누고 있었다. 20대인 딸이 남몰래 애인을 만나 섹스에 탐닉하는 모습이 나오는가 하면, 같은 20대인 큰 아들은 양성애자인데 섹스의 대상이 자주 바뀌었고 더구나 남녀 3명이 함께 어우러져 섹스를 하는 모습도 나왔다. 여기에 17살의 아들애가 자신이 아직도 동정인 것을 슬퍼하자 그 아들이 여자 친구를 집에 데려다 섹스를 하도록 분위기를 만들어주며 콘돔까지 챙겨주는 아버지의 모습도 나왔다. 영화를 보면서 나는 크게 충격을 받았다. 그리고 자꾸만 한숨이 나왔다.

식욕, 수면욕, 성욕을 인간의 3대 본능이라고 한다. 일부 학자들은 여기에 조금 진화된(?) 명예욕과 유희욕구를 합쳐 인간의 5대 본능이라 설명하기도 한다. 따지고 보면 세상에서 벌어지는 사건 사고들 중에는 결국 인간 본능의 억압 혹은 과도한 발산으로 인해 일어나는 것들이 많이 있다.

그런데 식욕과의 싸움은 많은 사람들의 경우 거의 일상화가 되어 있는 것 같다. 건강의 유지를 위해 또는 다이어트를 위해 식욕을 억제하고 입에 즐겁지는 않지만 건강식으로 식단을 만들어 살아가는 사람들이 많이 있다. 수면욕의 경우도 사람들은 자신의 발전을 위해 잠을 줄여가며 공부를 한다기보다 풍족한 내일을 위해 잠자는 시간까지 아껴가며 사업에 몰두하기도 한다.

하지만 요즘 세상 돌아가는 것을 보면 성욕에 대해서는 오히려 관대하기만 한 것 같다. 마음껏 성욕을 표출하고 발산하는 것이 현대인이요 지성인의 모습인 것처럼 비춰지기도 한다. 나로서는 이러한 성문화를 이러한 세태를 도대체 어디까지 받아들여야 할지 모르겠다. 미성년 아들에게 콘돔을 챙겨주는 것이 멋진 아버지요, 아버지의 의무를 잘하는 것처럼 여겨지는 현실이 내게는 난감하기만 하다.

사랑 없는 섹스 뒤에 오는 환멸과 관계의 파탄을 우리는 수없이 목격한다. 무책임한 섹스로 인해 벌어지는 인간사의 비극을 너무나 자주 목격하고 있다. 낳자마자 버려지는 어린 아기들, 억제하지 못한 성욕이 빚은 강간과 살인의 현장들, 동성애가 자연스럽게 받아들여지고 심지어는 그룹을 지어 섹스를 벌이는 경우도 있다고 한다. 정말이지 이 땅에는 성욕의 노예가 되어 시한폭탄처럼 살아가는 사람들이 많기만 하다. 이러한 것을 부추기는 문화 특히 타락한 인터넷 문화가 개탄스럽다.

이 시대의 부모들은 자녀에게 (콘돔을 챙겨주기 전에) 섹스에는 사랑이 전제되어야 하고 책임이 따라야 하는 것임을 마땅히 먼저 가르쳐야 한다. 더 나아가 섹스에는 상대방에 대한 배려와 존중이 따라야 함을 가르쳐야 한다.

사람은 누가 뭐라고 해도 사랑을 먹고 사는 존재이다. 그리고 인간이 인간답게 살려면 본능을 절제하고 사회적인 용인의 테두리 안에서 발산해야 한다. 이것은 더불어 살아야 하는 인간의 규범이기도 하다. 식욕이며 수면욕의 절제를 하나의 미덕으로 가르치듯이 성욕과 그에 따르는 책임의식에 대한 각성은 아무리 강조해도 지나침이 없다.

아름다운 노년, 추한 늙은이

제목을 적자니 마음이 그리 편치는 않다. 아름다운… 은 어감이 좋은데 추한 늙은이라고 적고 나니 모양새부터 일그러지는 것 같다. 하지만 아시다시피, 필자가 쓴 아름다움과 추함은 겉모양새가 아니라 삶의 모습을 말하는 것이다. 그리고 단도직입적으로 말을 하자면, 당대의 최고 미남배우였다는 신성일이 바로 추한 늙은이라는 제목의 단서를 주었다.

필자가 영화관을 찾기 시작하던 당시에는 신성일은 이미 한물간 배우였다. 뿐만 아니라 그 시절 우리들은 한국영화는 거들떠보지도 않았다. 어쩌다 한국영화를 대할 때면 '목소리 따로 연기 따로' 인 화면을 보며 그리고 연기도 못하면서 '생 폼' 만 잡는 배우들을 보며 '아이고, 한국영화는 아직도 멀었어…' 하며 혀를 차곤 했었다. 그렇지만 우리의 누나들 아줌마들로부터 신성일이라는 이름은 익히 들어 잘 알고 있었다.

그 신성일이 언젠가 국회의원에 출마했다는 소식이 들리기에 우리들은 '저 배우는 당선 되려면 구로공단으로 가야해. 그래야 재봉사 언니들 아줌마들이 찍어주지…' 라며 낄낄거렸었다. 아니나 다를까 그는 낙선을 했고 그대로 잊혀 지는가 싶더니, 그 사이 돈을 많이 썼는지, 기어이 국회의원이 되었다는 소문이 들렸고 또 얼마 뒤엔 뇌물을 받아 감옥에 갔다는 소식도 들려왔다. 그리곤 그렇게 잊혀져갔다.

세월이 흘러 한국영화가 비약적으로 발전을 하게 되면서 (필자의 경우엔 영화 '쉬리' 를 보며 '아, 한국도 이렇게 영화를 잘 만들게 되었구나‥' 하면서 처음으로 감탄을 했던 것 같다.) 신성일도 그런대로 영화계의 선배 대접을 받으며 TV에 가끔 모습을 비추기에 '저 양반도 저렇게 백발이 되었구나‥' 하면서 흘려보았던 기억이 있다.

그러던 신성일이 사고를 쳤다. 컴퓨터의 발달로 그야말로 자서전을 내는 것이 유행처럼 되다보니 그도 옛날 출세작이라는 영화 '맨발의 청춘' 에서 제목을 가져다 '청춘은 맨발이다' 라는 제목으로 자서전을 내놓았는데 그 내용이 가관이었던 모양이다.

엄앵란과 결혼을 한 후에도 이런 저런 여자와 불륜을 저질렀던 것하며 누구는 임신과 낙태까지 했었다는 사연을 다 까발려 놓았단다. 그리곤 TV에 출현해 지금도 엄앵란 아닌 다른 여자와 연애를 하고 있다는 등의 말을 자랑스럽게 늘어놓더란다. 그러니 저런 늙은이를 왜 출연시켰느냐는 항의가 빗발쳤고, 자기 아내며 가족들에 대한 생각을 조금이라도 했다면 그럴 수가 있겠느냐며 도대체 저 추한 늙은이에게 젊은이들이 무엇을 배우겠느냐는 항의가 쇄도했다고 한다.

그 후 들리는 바에 의하면, 신성일도 어쩔 수 없었던지 책에 대해 사과를 했는데 책을 더 많이 팔고 싶은 욕심에 불륜 사연까지 공개를 한 것이란다. 그 말을 들으니 더 한심한 인사라는 생각이 들었다. 정말 사람의 욕심은 끝이 없는 모양이다. 영화배우로 한 시절을 풍미했다면 그것으로 만족하고 조용히 물러나 선배대접이나 받을 일이지 무슨 미련이 그리도 많아 추한 모습을 보이는 것인지 내가 다 한숨이 나왔다.

얼마 전 만난 필자의 한 선배는 요즘 수지침을 배우러 다닌다고 했다. 그는 몇 년 있으면 은퇴를 해야 하니 남은 인생은 봉사활동으로 보내고 싶어 수지침을 배운다고 말했다. 또 한 선배는 독서지도사 과정을 공부하고 있는데 은퇴 후엔 여행 삼아 시골마을로 다니며 아이들의 독서지도를 할 계획이라고 말했다. 봉사하는 삶으로 자신의 인생을 마감하고 싶다는 선배들을 보며 필자도 크게 도전을 받았다.

노인은 젊은이의 미래' 라는 평범한 진리대로 사람은 누구나 늙는다. 그런데 문제는 아름다운 노년을 살기가 참 어렵다는 것이다. 그래서 다시 결심한다. 봉사는 못하더라도 추해지지는 말아야 한다고. 아름다운 노년이 되려면 꾸준히 노력해야 한다고. 바로 오늘 우리가 신성일을 반면교사로 삼아야 할 이유이다.

내 안에 울고 있는 어린애

"내 속엔 내가 너무도 많아 당신의 쉴 곳 없네. 내 속엔 헛된 바램들로 당신의 편할 곳 없네… 내 속엔 내가 이길 수 없는 슬픔 무성한 가시나무숲 같네…"

'가시나무새' 라는 가요의 일부분이다. 꽤 오래된 노래라는데 필자는 몇 해 전 LA의 한 문인들의 모임에서 처음 이 노래를 들었다. 그날 행사가 어떤 내용이었는지는 기억에 없는데 모임에 초대되어온 한 여성 가수가 이 노래를 부를 때 느꼈던 감동은 아직도 깊은 인상으로 남아있다.

사람은 누구나 마음의 상처를 지니고 살아간다. 특히 어린 시절에 각인된 마음의 상처는 평생을 따라다니며 그 사람의 일상을 지배한다. 좋은 환경에서 자랐건 열악한 환경에서 자랐건 상관없이 상처는 누구에게나 있다. 문제는 각 개인마다 이에 대한 반응이 너무도 다르다는 것이다. 이것을 잘 승화하여 좋은 인격을 갖추는 사람도 있고 이것에 사로잡혀 항상 자기연민에 빠져 살며 남에게 피해를 주는 사람도 있다.

멀리 갈 것도 없다. 고백을 하자면 필자는 매사에 소심하고 걱정이 많은 성격이다. 자신 있게 할 수 있는 것이 별로 없다. 청년 시절 젊었던 시절엔 이것을 참 인정하기가 싫었다. 그래서 자신 있는 척 당당한 척 하면서 살기도 했다. (그래서 심리학자들은 사람의 겉으로 보이는 소심함과 당당함은 같은 뿌리에서 나온 것이라고 설명하는 모양이다.)

아무튼 오랜 세월 글을 쓰고 살아오면서, 글쓰기란 자신의 내면을 응시하는 작업이니, 누구보다 자신의 성격을 잘 알아 그것을 극복했다고 믿었다. 하지만 그것은 일종의 기만이며 위장이었다. 세월이 흘러 중년의 나이가 되어서야 비로소 그것을 깨달았다. 매사에 소심하고 걱정이 많은 성격은 고쳐지는 것이 아니었다. 그냥 인정하고 달래며 살아야 하는 것이었다. 더 이상 자신 있는 척 당당한 척 하며 피곤하게 살지는 말아야겠다고 결심하고 나니 오히려 마음에 평안이 왔다.

아버지는 자식들에게 참으로 엄격하고 냉정한 사람이었다. 어린 자식들끼리 놀다가 다투기라도 하면 버릇을 고친다며 매도 서슴지 않았다. 자식들은 아버지 앞에서 제대로 말도 못했다. 언제 혼날지 모르니 아버지 앞에 앉는 것도 늘 조심스러웠다. 자식들은 그렇게 자랐다.

한 가지 유리한 면도 있긴 했다. 동네에 나가면 어른들로부터 예의가 바른 아이라는 칭찬은 많이 들었다. 젊은 시절 한국에서 직장생활을 할 때 첫 승진이 비교적 빠른 편이었는데 그 이유 중 하나가 윗사람에게 인사를 잘 한다는 것이었다. 하지만 따지고 보면 그것은 예의가 아니라 어린 시절부터 몸에 밴 일종의 주눅이었다.

세월이 흐르고 나이가 드니 아버지의 성격도 나름대로의 자식교육도 이해를 하게 되었고 관계도 회복이 되었지만 어린 시절의 상처는 상처대로 남아있음을 느낀다. 그러니 나의 소심함과 걱정 많음은 아버지로부터 받은 일종의 유산인 셈이다. 필자가 어린 시절의 교육이, 환경이 얼마나 중요한 것인가를 기회가 있을 때마다 강조하는 것도 그런 이유에서이다.

어린 시절의 혹독했던 환경 이를테면 궁핍, 학대, 폭력 등의 경험으로 인해 어른이 된 후에도 마음의 고통을 느끼며 사는 사람들 혹은 남에게 피해만 주고 사는 사람들에게 심리상담가들은 이렇게 말한다. 당신 안에 울고 있는 어린애를 성인이 된 당신이 안아주라고. 예전에는 힘이 없어 무력하게 당했지만 이젠 당신도 어른이 되었으니 그 어린애를 보호해주고 사랑해주라고…

다시 위의 노래로 돌아가자. 이 노래를 감상하다보면 슬픔에 빠져 허우적거리는 자신을 느끼곤 한다. 무력하기만 하고 도무지 해결책이 없다. (그래서 저 빨갱이 나라에서도 자본주의 노래들은 아편 같다고 배척을 하는 모양이다.) 내가 이 노래를 좋아하면서도 잘 듣지 않는 이유이다.

"평안을 너희에게 끼치노니 곧 나의 평안을 너희에게 주노라. 내가 너희에게 주는 것은 세상이 주는 것과 같지 아니하니라. 너희는 마음에 근심하지도 말고 두려워하지도 말라. (요한복음 14:27)"

김정은 감상

북한관련 뉴스를 TV로 대할 때면 자주 등장하는 김정은의 모습이 묘한 감상을 느끼게 한다. 누군가의 조언을 받은 것이겠지만, 아마도 연출효과를 위해, 아버지인 김정일의 스타일을 본 따 인민복을 입고 있는 모습부터 낯설게만 느껴진다.

한창 패션을 생각하고 멋도 부려보고 싶을 나이에 개성도 없는 인민복을 입고 있는 모습이 여간 어색해 보이는 것이 아니다. 더구나 새파랗게 젊은 사람이 온통 아버지나 할아버지뻘 되는 노인네들에게 둘러싸여 박수를 치고 있는 부조화의 장면을 볼 때면 한숨이 다 나온다.

하지만 이 한숨은 김정은 때문이기보다는 그와 함께 박수를 치며 소리를 질러대는 소위 북한 지도층들을 보며 나오는 것이다. 필자는 그런 장면을 통해 인간의 나약함과 비겁함을 확인한다.

통치 권력에 충성을 바쳐야 살아남을 수 있기에 혹은 누리고 있는 특혜를 유지할 수 있기에 그야말로 막내아들이나 손자뻘 되는 젊은이 앞에서 박수를 치며 소리를 질러대는 그들의 모습에 연민마저 느끼게 된다.

깨어있는 자의 역할, 지식인의 사명, 노블레스 오블리주… 북쪽을 떠올리면 필자는 이런 말들에 새삼 분노를 느낀다. 그리고 깨어있다는 자들의 기회주의, 지식인의 비겁함, 특권층의 이기심을 보면서 저 북한의 강제수용소에서 신음하는 사람들 저 북한의 농촌에서 굶어 죽어가는 어린이들 그리고 중국을 동남아를 떠돌며 인권을 유린당하는 탈북자들을 생각하며 같은 인간이라는 것에 참담한 절망을 느낀다.

생각해볼수록 우리민족은 참으로 극단적인 성향을 가졌다. 해방 후 수십 년 동안 한반도 남쪽은 민주주의의 모양만 딴 극우정권이 국민들을 억압하였고, 북쪽에서는 공산주의를 변형시킨 극좌정권이 국민들을 못살게 굴었다. 그야말로 '모 아니면 도'라는 외침이 우리의 민족성과 역사에도 그대로 반영이 된 것 같다.

미국으로 대표되는 민주주의의 영향을 받은 남한은 오늘날 복지국가의 모습을 그런대로 갖추어나가고 있으니 참으로 다행스러운 일이다. 반면 실패의 역사로 막을 내려버린 공산주의의 실험장이 되었던 북한은 급기야 역사를 거슬러 '세습왕조'의 길로 막 나가고 있는 것이 안타깝기만 하다.

고백을 하자면 필자도 대학을 다니던 시절엔 '민주주의는 피를 먹고 자란다'는 구호에 매료되었었다. 박정희 전두환 노태우만 몰아내면 신세계가 펼쳐질 것이라 믿었다. 더 나아가 '민주주의도 공산주의도 민족에 앞 설 수는 없다. 통일만이 살 길이다'라는 구호에 동조해 거리로 달려 나갔었다.

그런데 세월이 흘러 비로소 깨달았다. 필자가 고무되었던 '민족이 우선'이라는 신념은 허구였다. 오늘의 북한 땅이 그것을 증명한다. 민족이 우선이 아니라 쌀이 우선이요 인권이 우선이어야 한다. 국민에게 쌀을 주고 인권을 지켜주는 정부가 우리에게는 필요한 것이다.

여기에서 더 나아가 필자는 그 어떤 제도며 사상도 초월하는 기독교 정신이야말로 이 세상을 아름다운 인간 공동체의 현장으로 만드는 방안이라 믿는다. 인간의 삶의 이유와 목적은 '하나님을 사랑하고 또한 네 이웃을 네 몸 같이 사랑하라'는 기독교의 메시지에 모두 담겨 있음을 확신한다.

소통은 가슴으로 하는 것

며칠 전 한인타운의 한 식당에서 직원들과 점심식사를 했을 때의 일이다. 우리의 옆 테이블에서는 70대로 보이는 노부부가 식사를 하고 있었다. 마침 홀 안에 비치된 TV에서 뉴스가 흘러나왔다. 한국의 국회의사당을 배경으로 기자가 보도를 하고 있다.

'봄이 왔습니다만 국회는 아직도 겨울외투를 벗지 못하고 있습니다. 여당과 야당 사이에는 찬 기운만 흐르고 대화도 단절되었습니다.'

어디 하루 이틀 있던 일이어야지. 멱살잡이를 안 하면 다행이지 뭐… 우리 일행은 별 느낌도 없이 TV를 보며 식사를 하고 있었다. 그 때 옆 테이블의 할머니가 불쑥 한 마디를 던진다. '따듯한 날씨에 왜 겨울외투를 입고 있을꼬.' 그 말을 들은 할아버지는 '허… 이 사람은, 그게 그런 뜻이 아니고…' 하면서 무언가를 설명하려다가 입을 닫고 만다. 노부부는 말없이 식사에 열중한다. 그 모습을 바라보며 필자는 가볍게 한숨이 나왔다. '아

이고, 저렇게도 대화가 안 통하니 얼마나 답답할까…'

노부부는 서로 반찬도 챙겨주며 식사를 한다. 잠시 후 식사를 마친 노부부는 손을 잡고 다정한 모습으로 식당을 나선다. 그 모습이 보기에도 참 좋았다. 필자는 조금 전의 답답함을 어느새 떨쳐내고 그들의 뒷모습을 바라보고 있었다.

사람들은 저마다 소통부재의 세상을 한탄하면서 살아간다. '이 사람은 내 뜻을 그렇게도 모를까. 도무지 통하지 않으니 답답하기만 하구나…' 하면서 세상을 주위사람들을 원망하며 살아간다. '나는 이렇게 생각해' 라는 주장에는 익숙하지만 '오, 너는 그렇게 생각하는구나?' 라는 배려에는 도무지 익숙하지가 않다. 그러니 오늘, 먼저 내 자신에게 묻게 된다. 나 역시 내 뜻만 전하려고 노력했었지 상대방의 뜻을 알아보려고 귀를 기울였던 적이 얼마나 되던가.

사람들은 다 다르다. 그 모양이 키가 성격이 다르듯이 지식의 깊이가 다르고 사물을 바라보는 감성에서도 차이가 난다. 내 입에는 알맞지만 그에게는 매울 수도 혹은 싱거울 수도 있다. 그래서 '백인백색' 이라는 말도 있다.

그날 필자는 새삼스럽게 소통이란 말의 의미를 생각해 보았다.

그리곤 소통은 말로 하는 것이 아니라 가슴으로 하는 것임을 다시 한 번 깨달았다.

아는 만큼 보인다는 말은, 아는 만큼 느낀다는 말은 어쩌면 한 면 만을 강조한 것이다. 사람들에게 지식의 필요성을 가르치기 위한 수사일 뿐인지도 모른다. '내가 정말 알아야 할 모든 것은 유치원에서 배웠다' 던 어느 책의 제목처럼 우리는 일상의 삶을 통해 기본적으로 사람의 도리를 깨달을 수가 있다.

다시 노부부 얘기로 돌아가자. '겨울외투' 가 진짜 옷을 이르는 것이 아니고 대화단절을 의미하는 매타포임을 모르면 어떤가. 부부 사이에, 당신은 모르지만 내가 안다면 함께 아는 것이나 다름없지 않은가. 내가 모르는 것을 당신이 알아 서로 공유를 할 수 있다면 두 배의 앎이 되지 않겠는가… 오랜 세월동안 글을 써서 먹고 살아온 사람으로서 정말이지 언어의 무용을 아니 그 한계를 실감한 사건이었다.

'…지식은 교만하게 하며 사랑은 덕을 세우나니 (고린도 전서 8:1)' 우상 앞에 놓았던 음식을 먹는 것이 옳은가 그른가 하는 논쟁을 보며 사도 바울은 상대를 배려하는 마음이 먼저이지 먹느냐 안 먹느냐가 중요한 것은 아니라고 가르쳤다.

심수봉

먼 옛날 어느 별에서 내가 세상에 나올 때/ 사랑을 주고 오라는 작은 음성 하나 들었지/ 사랑을 할 때만 피는 꽃 백 만송이 피워오라는… 수많은 세월 흐른 뒤 자기의 생명까지 모두 다 준/ 빛으로 홀연히 나타난 그런 사랑 나는 알았네… 그대와 나 함께라면 더욱 더 많은 꽃을 피우고/ 하나가 된 우리는 영원한 저 별로 돌아가리라…'

심수봉이 부른 '백 만송이 장미' 라는 노래의 가사 중 일부분이다. 기독교인으로서 필자는 이 노래를 무척 좋아한다. 이 노래 가사야말로 어느 찬송가며 복음성가 못지않게 깊은 의미를 담고 있다고 생각하기 때문이다.

문학을 이해하는 관점 중에 '효용론' 이라는 것이 있다. 하나의 작품을 평가함에 있어서 작가의 의도보다는 독자가 어떻게 느끼는 가에 중점을 두고 연구하는 이론을 말하는 것인데, 여기서 필자가 굳이 문학의 효용론까지 들먹이는 이유는 사실 백 만 송이 장미라는 노래가 어떤 의도로 누구를 대상으로 만들어 진 것인지는 모르겠지만 적어도 필자에게는 깊은 영적 메시지를 주고 있기 때문이다.

우리가 세상에 태어난 것은 사랑을 나누어 주기 위함이라는 표현이나 깊은 실망 중에 있을 때 자기의 생명까지 모두 다 준 빛으로 나타난 사랑이 자신을 안아주었다는 가사는 그야말로 기독교인의 존재이유를 말하고 예수님과의 만남을 상징하는 듯이 느껴져 필자는 이 노래를 좋아하고 있다. 더구나 목소리 그 자체에 한국인의 정한이 서정이 그대로 녹아있다는 심수봉이 부른 노래 아닌가.

조국의 어느 시인은 심수봉을 일러 '너의 목소리는 잘 익은 밀주 같구나' 라는 시를 쓰기도 했는데 그야말로 그녀의 목소리의 특징을 한 마디로 꼭 집어 표현한 것 같아 글쟁이 친구들은 고개를 끄덕이곤 했었다.

돌이켜 보면, 미국에 이민 와 이십 년 가까이 살면서 필자는 꼭 한 번 나이트클럽엘 가 보았는데 그것도 심수봉 때문이었다. LA의 코리아타운에 월드컵이라는 나이트클럽이 있을 때였다. 어느 날 신문을 보니 심수봉의 공연이 그곳에서 열린다는 것이었다.

조국에서도 한 번도 직접 보지 못한 심수봉을 볼 수 있다니…

필자는 기본이 백오십 달러라는 테이블 값을 기꺼이 치르고 지인까지 초대해 그 공연을 보러 갔었다. 그리곤 심수봉이 부르는 사랑 밖에 난 몰라, 그 때 그 사람, 여자이니까 등등을 들으며 흠뻑 감상에 취해 보았다. 심수봉이 우리 동포들을 위로한다며 타향살이 몇 해던가 손꼽아 헤어보니… 라는 노래를 불러주었을 때는 나도 모르게 눈물이 마구 솟아나던 기억도 있다.

'취미에는 논란의 여지가 없다' 는 서양속담이 있다. 한 가수의 노래를 무척 좋아하는 것을 가지고 취미 운운하는 것이 올바른 비유가 되는 것인지는 모르겠지만 아무튼 필자는 요즘도 혼자서 운전을 할 때면 '먼 옛날 어느 별에서 내가 세상에 나올 때…' 라던가 '그대 내 곁에 선 순간 그 모습이 너무 좋아…' 혹은 '사랑보다 더 슬픈 건 정이라며…' 등을 흥얼거리곤 한다.

필자가 요즘 들어 TV의 음악프로그램이며 가요에 대한 글을 몇 차례 쓰다 보니 그 분야에 관심이 있는 모양이라고 생각하는 지인들도 더러 있던데, 사실 필자는 최근에야 옥주현, 임재범, 박정현이라는 가수가 있다는 것을 알았을 정도로 그 분야에는 문외한이다. 다만 오랜 세월동안 특히 심수봉의 노래를 좋아하며 흥얼거리곤 했을 뿐이다.

글을 마무리 하려다 보니 생각난다. 지난해 돌아가신 법정 스님은 류시화 시인에게 '만나서 행복했고 고마웠다' 는 말을 남기셨다고 하던데 필자는 심수봉에게 그 말을 현재형으로 바꾸어 이렇게 말해주고 싶다. 당신의 노래가 있어서 지금도 행복하고 고맙노라고…

제 2부

여름

살 자리, 죽을 자리

'가야할 때가 언제인가를/ 분명히 알고 가는 이의/ 뒷모습은 얼마나 아름다운가.'

이형기 시인의 서정시 '낙화'의 첫째 연이다. 오래 전의 추억, 애인의 절교 통보를 받은 내 친구 하나가 학교 앞 대폿집에서 내게 처음으로 이 시를 들려주었다. 친구는 결코 매달리지 않겠노라며 자못 비장한 태도로 노트에 적어놓은 시를 읽었는데 '봄 한철/ 격정을 인내한/ 나의 사랑은 지고 있다'는 둘째 연과 '나의 청춘은 꽃답게 죽는다'라는 구절들이 내 가슴에도 새겨지던 시간이었다.

세월이 흐르며 주로 정치인이나 공직자들이 비리에 연루되어 망신을 당한 뒤에도 자리에 연연하고 있을 때 언론들이 이 구절을 인용해 비판하는 것을 보곤 했다. 알다시피 얼마 전에도 국무총리 후보자로 지명되었던 문 모라는 양반이 사퇴해야 할 처지가 되었음에도 계속 버티자 일부에선 '문 모씨의 추한 뒷모습' 하며 역설적으로 이 시를 인용해 사퇴를 촉구하기도 했다. 평생을 언론인으로 살았다는 문 모씨가 여론의 뭇매를 맞은 뒤 언론을 원망하며 사퇴하는 모습을 보며 나는 '오죽 했으면 자기가 몸담은 언론계에서도 저렇게 비판을 할까' 하면서 국무총리 지명이라는 영예보다도 '아, 이 양반은 정말 인생을 잘 못 살았나 보다' 하는 생각을 했었다.

하나를 더 소개하자. '丈夫出家生不還(장부출가생불환: 장부가 집을 나서면 뜻을 이루기 전에는 결코 살아 돌아오지 않는다)' 일제시대 윤봉길 의사가 고향집을 떠나며 남긴 글이다. 미래가 보이지 않는 암담한 식민치하를 사는 젊은 지식인의 고뇌와 결단이 한눈에 느껴지는 글이다. 이 글을 대하며 나는 '오, 윤봉길 의사는 독립운동이 자기의 죽을 자리임을 분명히 알고 떠난 것이구나' 하며 마음이 숙연해졌었다.

역사적인 사건에 등장하는 사람들의 면면을 관찰해보면 그 현장에서 의롭게 죽기보다는 비겁하고 추하게라도 살기를 택하는 사람들이 훨씬 더 많은 것을 볼 수 있다. 소위 고관대작들의 백성들에 대한 배반의 역사는 유구하다. 생각나는 대로, 거칠게나마 몇 사례를 적어보자.

1905년 경운궁 어전회의의 을사조약 체결 건, 이완용으로 대표되는 다섯 명이 찬성을 함으로써 가결되었는데 (을사5적이 탄생되는 순간이었다) 그날 다섯 명은 '살 자리'를, 끝까지 반대했던 세 명은 '죽을지도 모를 자리'를 택했다고 할 수 있다.

6 · 25가 터지자 이승만은 서울을 '사수(죽음으로 지킴)' 하겠노라고 발표하여 국민들을 안심시키고 자기는 몰래 도망쳤다. 국부가 죽으면 나라가 망하는 거라고 고관들이 자기 '살 자리'를 위해 아부를 보탠 탓이다.

박정희 장군의 쿠데타도 당시 정부의 책임자가 '목숨을 걸고'라도 맞섰다면 실패로 끝났을 터였다. 전두환에게 대통령 자리를 안겨준 것은 최규하라는 양반이 자기 '살 자리'에 연연했기에 가능했다.

현재 북한의 경우도 나라를 다스리는 고위층들이 새파란 김정은 밑에 엎드려 제 '살 자리'만 찾고 있기에 국민들은 아이들은 굶어 죽어나가고 있는 것이다.

이제 개인사를 고백할 때가 되었다. 나는 소설가로 등단한 후 누가 뭐라 하든 공인의식을 가지고 살아왔다. 그 공인의식이라는 것이 뭐 거창한 것은 아니다. 내가 쓴 글에 책임을 지겠다는 것, 거짓말을 쓰거나 과장을 하거나 지나친 자기 미화를 하지 않겠다는 그런 의지를 말한다. 솔직히 삶과 글의 일치에 대해서 말하라면 자신이 없다. 작가란 작품으로 말하는 사람이지 행동으로 말하는 사람은 아니라는 그럴듯한 변명도 있지 않은가. 나는 '삶과 예술은 별개의 사건' 이라는 내용의 글을 쓰기도 했다. 요는 살 자리에서 살고 죽을 자리라면 반드시 죽겠다는 결기 같은 것이 요구되지는 않는다는 말이다.

그런데 말은 그렇게 했지만 글이란 것이 결국은 작가의 삶을 반영하는 것일진대 어찌 회한이 없었겠는가. 나는 자주 내 자신의 삶을 돌아보며 한심해하고 슬퍼했다. 요즘도 문학적 진실과 현실 사실 앞에서 자주 갈등한다. 매일 허점투성이의 삶을 반성한다.

여기에 아마도 동료의식이 앞서기 때문일 게다. 나는 공인들이 저지르는 소위 '생계형 비리' 에는 관대한 마음이 되곤 한다. 그야말로 먹고 살자고 저지른 부정이라면 한 번쯤은 봐 줄 수도 있겠다는 말이다. (얼마 전에 국방장관이란 사람이 불량무기를 들여온 별들의 부정을 생계형 비리라 말했다가 언론의 뭇매를 맞기도 했는데 그런 것은 명백한 도둑질이다. 생계형 비리란 군대의 졸병이 배가 고파 건빵을 훔쳐 먹는 그런 수준을 말하는 것이다.) 그런 의미로, 나는 실연당한 친구의 옆에는 있었지만 역사적 사건의 현장에는 있어보지 못한 이 시대 이 땅의 소시민의 한사람으로 살아온 나의 인생을 긍정하며 고마워한다.

시 한편을 더 소개하며 끝내자. 영원한 자유의 시인 김수영의 '어느 날 고궁을 나오면서' 는 이렇게 시작된다.

'왜 나는 조그만 일에만 분개하는가/ 저 왕궁 대신에 왕궁의 음탕 대신에/ 오십 원짜리 갈비가 기름덩어리만 나왔다고 분개하고/ 옹졸하게 분개하고' 내가 청년시절부터 정말 좋아하고 흠모한 시인의 시는 이렇게 끝난다. '모래야 나는 얼마큼 적으냐/ 바람아 먼지야 풀아 나는 얼마큼 적으냐/ 정말 얼마큼 적으냐.'

내가 너와 함께 이집트에 가겠고

성경을 읽으며 느끼는 감동과 재미 중 하나는 등장하는 많은 인물과 사건에 읽는 사람 자신을 대입해보는 것이다. 이것은 영화나 드라마의 주인공을 통해 느끼는 대리만족이라는 감정이입과는 다른 차원의 경험이다.

일상적으로 성경을 읽는 크리스천들에겐 어느 순간 특정한 구절이 자신을 향한 강한 메시지로 받아들여지곤 하는데 이때의 말씀을 성경 전체를 뜻하는 '로고스' 와 구별하여 '레마' 라고 부른다. "이 구절을 전에 읽었을 때엔 그냥 지나쳤는데 오늘따라 큰 배움을 얻었어." 이런 대화가 오가는 이유이다.

평소 하나님이 어디에 있느냐며 자신은 무신론자임을 자처하던 사람이 어떤 계기가 있어 처음으로 성경을 펴 들었는데 제일 첫 페이지, 창세기의 첫 구절 '태초에 하나님이 천지를 창조하셨다' 가 그의 내면에 확 들어와 그 길로 크리스천이 된 사례도 있으니 레마의 신비와 그 운동력은 (예수님이 '성령' 에 대해 설명하신 것과 같이) 바람이 어디서 와서 어디로 가는지 우리로 선 알 수가 없지만 분명 실재하는 것과 같은 이치임을 알 수 있다.

위에 적은 제목도 성경의 한 구절이다. 성경을 잘 모르는 분들을 위해 간단히 설명을 하자면, 이 말씀은 창세기에 등장하는 많은 인물 중 주인공급(?)에 속하는 야곱이 하나님께로부터 받는 메시지이다. 어느 해 야곱이 살고 있는 지역에 흉년이 들었다. 마침 이집트에는 흉년을 대비해 보유해 둔 식량이 있어 모두들 그리로 몰려갔다. 야곱의 아들들도 이집트로 식량을 사러 갔는데 그곳에서 오래 전 헤어진 동생 요셉을 극적으로 만난다. 당시 요셉은 이런저런 사연을 겪은 뒤 이집트를 다스리는 총리가 되어 있었다. 드디어 요셉의 요청으로 야곱은 가족을 모두 이끌고 이집트로 이주할 것을 결심하는데 그때 하나님으로부터 이 말씀을 듣는다.

'내가 너와 함께 이집트에 가겠고…' 이 부분을 읽다가 문득 이십 년 전 미국으로의 이민 여부를 고민하던 나의 모습이 떠올랐다. 당시 나는 서너 달마다 미국과 한국을 오가며 하지도 못할 계획을 세웠다 지웠다 하며 고민을 했었다. 전업 작가가 되겠다며 십 년 넘게 다니던 직장을 그만 둔 때여서 어디서 살던 큰 문제가 없을 것 같긴 했다. 하지만 미국 이민이란 것이 어디 다른 동네로 훌쩍 이사 가는 것 같은 일은 아니지 않은가. 긴 고민 끝에 마침내 이민을 결심하고 나니 새삼스럽게 이유도 많기만 했다. 애들 교육을 위해서, 부패한 대한민국이 싫어서, 넓은 세상에서 살아보고 싶어서, 인생의 새로운 기회를 얻고 싶어서…

그런데 크리스천으로서 부끄러운 고백이지만 이와 같은 인생의 중대한 문제를 앞에 놓고도 나는 기도를 거의 하지 않았다. 그때에도 교회를 다녔지만 앞날에 대한 계획과 걱정으로 날을 보내면서도 하나님의 뜻을 묻고 은혜를 구하는 기도는 별로 하질 않았다. 따라서 나의 긴 세월 이민생활이 세상적으로 실패한 것이라면 첫 단추부터 어긋났기 때문이라 나는 생각한다. 하지만 영적으로 어느 정도 성장을 했다면 '(과거든 현재든 좋은 일이든 후회되는 일이든) 모든 것이 협력하여 선을 이루게 하시는' 하나님의 은혜 덕분이라 나는 믿고 있다.

다시 야곱으로 돌아가자. 야곱에게 있어서도 고향을 떠나 이집트로 이주한다는 것이 결코 쉽지는 않았을 것이다. 이집트엔 그리운 아들이 성공해서 살고 있지만 그리고 살던 땅에 흉년이 들긴 했지만 야곱에게 고향이 어떤 의미였던가. 젊은 날 형과의 갈등으로 도망치듯 떠날 수밖에 없었지만 훗날 전 재산을 버리더라도 목숨을 걸고라도 기어이 돌아올 수밖에 없었던 고향 아닌가. 아버지와 할아버지의 무덤이 있는 곳 그들에게 돌아갈 날도 얼마 남지 않았으며 반드시 함께 묻히고 싶은 그 땅 아닌가. 그런 야곱에게 하나님이 나타나 말씀을 하셨다. 함께 이집트로 갔다가 반드시 고향으로 다시 인도하겠다고. 그러니 아들이 이집트 총리라는 보증보다 이 말씀이 야곱에게 더 큰 보증과 큰 힘이 되어 이집트로의 이민을 단행했다고 나는 확신한다.

아직도 믿음이 부족한 나로서는 살아가면서 어려움에 부딪칠 때면 여전히 사람에게 혹은 이런저런 방법에 의지하려는 자신을 발견하곤 한다. 그럴 때마다 반성하며 기도한다. 이젠 처음 이민 올 당시의 그런 고민과 혼란을 되풀이하지 않겠다고. 그러니 사람을 방법을 의지하지 않고 사람의 배후에 모든 방법의 앞에 계신 하나님을 의지하겠다고 다짐한다. '내가 너와 함께 이집트에 가겠고' 이보다 더 든든한 보증이 되는 것은 어디에도 없다. 성경을 읽는 감동, 내 자신을 성경의 사람에 사건에 대입해보며 소망과 희망을 갖는 이유이다.

동성결혼, 그 어둠의 그림자

세상이 빠르게 변해간다. 아니 세상의 변화에 대응하는 나의 생각과 마음의 속도가 너무나 느린 것 같다. 날이 갈수록 세태의 흐름을 따라 잡기가 힘들다. 숨이 찬다.

몇 해 전까지만 해도 공원이나 바닷가 같은 곳에서 남자 둘이 이야기하며 걷는 모습을 보면 다소 부럽다는 생각이 들었다. 우정을 나눌 친구 하나 없는 나의 이민의 삶이 새삼 답답하게 느껴지기도 했다. 그런데 언제부터인가 그런 모습을 보는 마음이 편치가 않다. '저들도 혹시…' 하며 의심이 먼저 든다. 피해가고 싶은 마음이 들 때도 있다. 여성 둘이 다정히 걷는 모습을 볼 때도 마찬가지이다. 이렇게 나는 '우정' 이라는 소중한 단어를 잃어버리고 말았다. 그리고 '동성애' 라는 말이 대신 자리 잡게 되었다.

오, 내가 편견에 사로잡혀 소수자의 인권을 무시한다고 생각하는가? 천만의 말씀이다. 나는 지금도 사람 사이의 차별 없는 세상, 더불어 함께하는 세상을 소망하며 살고 있다. 그동안 여러 자리에서 더 가진 사람, 건강한 사람들이 가난한 사람, 무지하고 약한 사람, 특히 병들고 소외된 사람들을 위해 양보와 희생을 감수해야 한다고 주장해왔다. 파란색을 좋아하는 사람이 있는가 하면 노란색을 좋아하는 사람도 있으니 자기와 취향이 생각이 다르다고 해서 상대를 무시하고 배척하면 안 된다고 몇 몇 사례를 들어 글을 쓰기도 했다.

인간은 이기적인 속성을 지니고 태어난다. 당장 어린아이들을 보면 알 수 있다. 어떤 아이든 처음 동생이 생기면 엄마의 사랑이 나눠는 것을 못 견뎌하며 동생을 미워하고 해를 끼치려 든다. 꾸준한 교육과 훈련을 통해 자기가 상당부분을 양보해야 부모의 사랑을 지속해서 받을 수 있음을 깨닫고 비로소 동생을 받아들이게 된다. 이것이 발전하여 나중에는 기꺼이 희생을 감수하는 목숨도 함께 하는 형제애로 승화된다. 사람은 이렇게 부모와 자식, 형제자매간의 가족애를 통해 이타심을 배우고 가정이라는 사랑의 공간, 천국을 체험한다. 이 승화와 체험은 인위적으로는 한계가 있다. 교육만으로도 한계가 있다. 한 핏줄이라는 본능적인 연대감이 바탕이 되어야 더욱 실감을 할 수가 있다.

식욕, 성욕은 사람에게 주어진 본능이다. 사람사회가 동물세상과 다른 것은 본능을 푸는 데도 규율을 지키는 데 있다. 사실 식욕의 경우는 그리 걱정을 하지 않아도 된다. 먹는 게 넘쳐나는 세상인데도 저마다 몸 관리를 위해 아름다움을 위해 절제하고 금하려 노력한다. 하지만 요즘 세상 돌아가는 모습을 보면 성욕에는 왜 그렇게도 관대한지 모르겠다. 식욕이 그렇듯이 성욕을 느끼는 것은 물론 죄가 아니다. 법과 도덕을 위반하면서까지 성욕을 푸는 것이 문제이다. 매춘을 한다거나 배우자 외의 다른 사람과 관계를 가지면 죄가 된다. 같은 성에게 성욕을 느끼는 것이 누군가에겐 어쩔 수 없는 현상인지 모르겠지만 같은 성과 관계하여 성욕을 채우려하면 그것이 죄인 것이다.

그런데 지난 날 금기되던 동성간의 성관계가 결혼이 법적으로도 허용되는 세상이 되고 말았다. 정말 이러다간 근친상간, 소아성애, 수간도 소수자의 성적취향이므로 보호받아야 한다는 주장이 제기될 것 같다. (이미 그런 기운이 보인다)

따져보면 여러 분야에서 오랜 세월 금기시되는 것에는 대부분 합당한 이유가 있음이 현대의 과학으로도 증명이 되고 있다. 근친상간은 저능아가 출산될 확률이 높고 동성애 성행위로 인해 치명적인 질병이 발생되었음은 이미 밝혀졌다.

남자와 여자의 구별은 창조주가 이 땅의 삶을 살아가는 인간에게 부여한 의심할 수 없는 최초의 당위이다. 그리고 남자와 여자의 결혼으로 이루어지는 가정은 이 땅에서의 삶을 영위하기 위해 우리가 지켜내야 할 거룩한 질서이자 가치이다. 도대체 같은 성끼리 결혼을 하고 아이도 입양해 엄마(여자) 역할, 아빠(남자) 역할을 한다니 무슨 해괴한 일인가. 스스로 가짜를 추구하는 이유가 무엇인가. 앞에서 적은 것과 같이 사람이 추구하는 천국의 모형은 정상적인 가족 관계에서 체험할 수 있다. 가짜의 삶으로 변태적 성욕은 채울 수 있을지 모르겠지만 인간으로서의 가치를 추구할 수 없다면 그런 삶이란 도대체 무슨 의미인가. 더 나아가 인간성의 파괴, 문명의 파괴를 원하는가?

사람의 장애에는 신체장애와 정신적 장애가 있다. 신체장애는 겉으로 나타나지만 동성애 성향 같은 정신적 장애는 겉으로 드러나지 않을 뿐이다. 돌아보면 지금도 많은 장애인들이 도처에서 자신의 장애를 당당히 받아들이고 평생을 싸워나가며 감동적인 인간승리의 모습을 보여주고 있다.

기독교인들은 동성애 성향의 장애를 가진 사람들을 결코 배척하지 않는다. 그들의 상처, 외로움을 이해하며 공감한다. 용기를 가지라고 정상적으로 살수 있다고 함께 노력해나가자고 그들을 격려한다. 그들에게 사랑의 악수를 청한다. 이 시대 이 땅의 기독교인들은 오늘도 형제자매의 마음으로 그들을 위해 기도한다.

차별 없는 세상을 위하여

아프리카 초원을 달리는 얼룩말 무리의 영상을 본 적이 있으신지. TV의 '동물의 왕국' 을 즐기지 않는 사람들도 많이들 보았으리라 생각된다. 어디로 무엇을 향해 그리 달려가는지 수많은 얼룩말들이 드넓은 초원을 달려간다. 그 중 뒤쳐지는 것들을 잡아먹으려고 사자 호랑이 등 맹수들도 몇 몇 덩달아 달려간다. 자연 속의 펄펄 뛰는 생명의 역동성을 나타내는 이 영상은 각종 광고에도 사용되어지곤 한다. 예전 한국에 있을 때 그 사진 밑에 적힌 한 광고문을 보았던 기억이 있다. '뛰면서 소화하는 얼룩말 그들에게는 소화제가 필요 없습니다' 당신도 뛰어다니듯 열심히 살아야 하는데 말과 같은 소화력은 없으니 자기네 회사의 소화제를 챙겨 먹으라는 광고였다.

요즘은 컴퓨터 그래픽의 발달로 한 가지 모양을 가지고도 많은 복사물을 만들어 거대한 집단이 있는 것 같은 장면을 잘도 만들어 낸다. 자세히 보면 그것이 인위적으로 만들어 낸 것임을 알 수가 있다. 그런데 얼룩말 영상은 만들어낸 장면이 아니고 수많은 얼룩말이 모인 것이 분명한데도 하나 같이 똑같은 모양이다. 하지만 이처럼 수많은 얼룩말들을 자세히 살펴보면 얼룩의 모양이 똑같은 것은 단 한 마리도 없다고 한다. 사람들의 얼굴생김이 각각 다르듯이 각 얼룩말의 얼룩모양도 다르다는 것이다. 정말이지 생명이 있는 모든 창조물들은 다양하고 개별적이라는 사실이 새삼 신비롭게 느껴진다. 모든 살아있는 것들은 저마다 다른 모양을 가지고 있다. 아름다운 꽃과 미운 꽃이 따로 없고 저마다 독특한 개성을 뽐내고 있듯이 하나님의 창조원리는 다양함과 그 조화의 아름다움을 바탕으로 하고 있다.

그런데 이러한 생명의 다양함과 조화를 만물의 영장이라는 사람들은 우열과 차별이라는 존재방식으로 왜곡시켜 버렸다. 한 사람 한 사람이 그 존재만으로도 귀한 가치를 지니고 있음에도 등급을 매겨 누구는 귀하게 받들고 누구는 천하다고 업신여기며 살아간다. 누구는 '금수저를 물고 태어나' 좋겠다 하면서 차별을 당연한 듯 받아들이고 어떻게든 자기도 우월한 지위를 얻고 지키기 위해 평생을 건다.

돌아보면 나의 삶 역시 중요한 고비 때마다 우열의 방식 즉 상대적인 평가로 방향이 결정되곤 했다. 고등학교며 대학 진학 때는 5대1이 넘는 경쟁을 치렀던 것 같다. 입사 때는 경쟁률이란 말이 무의미할 정도였고, 열아홉 살부터 시작해 번번이 떨어진 시와 소설의 신춘문예며 문예지 공모는 이십대 후반에야 끝났으니 그 횟수는 기억도 안 난다.

이렇게 우리 세대는 늘 차고 넘쳤다. 그야말로 항상 수요가 공급보다 넘쳤다. 어떤 때는 성취의 기쁨을 누렸지만 좌절의 경험도 여러 번 맛보아야 했다.

이처럼 한 세월을 살다보니 나는 이제 상대평가라는 말에는 고개가 돌려져버린다. 꼭 필요하다면 절대평가 방식에 동의를 하게 된다. 이를 테면 몇 대 몇의 경쟁보다는 기준을 정해놓고 거기에 이르는 사람은 통과시키는 식의 평가가 좋다. 나는 경쟁이라면 선의의 경쟁이라는 말도 좋게 느껴지지 않는다. 다만 절대평가 방식은 자신과의 싸움이기도 하니 한번 해볼만 하다는 생각이다.

한편 사람의 다양함과 조화를 위해선 역설적으로 각자의 자기애와 자존감이 바탕이 되어야 한다. 사람에게는 아무리 남이 좋아보여도 자기를 더 사랑하는 마음이 있다. 실력 있는 화가의 그림보다 내가 정성껏 그린 그림에 더 애정을 느끼고 유명가수의 노래보다 내가 불러 녹음한 노래를 더 즐겨 듣게 된다. 자기애가 강해 자기도취라는 나르시시즘에 빠지면 구제불능이지만 적당한 자기애는 이 세상을 살아가는 힘으로 작용한다. 다만 나의 자기애가 소중한 만큼 타인의 자기애도 인정하고 존중해주려는 자세가 필요하다. 그러니 금수저가 아닌 나무수저면 어떠랴. 나 역시 내 삶은 내가 살고 싶다. 청소년시절 즐겨 외던 윤동주의 '서시' 처럼 '하늘을 우러러 한 점 부끄럼 없기를' 소망하면서 그렇게 살지 못해 때론 '잎새에 이는 바람에도 괴로워' 하지만 그래도 한 걸음 한 걸음 '나한테 주어진 길을 걸어가고 싶다'

그리고 이 세상에서 단 한 사람, 예수님에게 나를 의탁하고 싶다. 내 안에서 나는 죽고 예수님이 살았으면 좋겠다. 그럴 때에만 영원한 평화와 자유함과 생명을 누릴 수 있음을 나는 믿는다.

사람을 변화시키는 기독교

이 선생은 성격이 좋기로 소문이 났다. 나는 그가 화를 내는 모습을 본 적이 없다. 한번은 지인들 몇이 식당에 갔는데 한 음식에서 머리카락이 뒤엉켜 나왔다. 일행 중 한 사람이 매니저를 불렀다. 그런데 정작 당사자인 이 선생은 '조심하라고 하세요.' 한 마디로 끝이었다. 이런 일도 있었다. 이 선생이 우리 사무실을 방문하고 돌아가려는데 누군가 더블주차를 해놓았다. 20분 넘게 기다리다 보니 나로서도 미안하며 화가 치미는데 이 선생은 '곧 오겠죠' 하며 태연하다. 30분이 지나 나타난 사람은 앞의 차가 자기 친구의 차인 줄 알았다며 미안해한다. 이 선생은 '그리 급한 것은 아닌데요 뭐' 하며 쉽게도 이해해준다.

나는 기독교 신자라면 그리고 인격이 다듬어진 사람이라면 첫째 화를 잘 내지 않아야 한다고 생각한다. 화를 잘 내어 주위를 자주 불안하게 불편하게 만드는 사람이라면 성숙한 신앙인 혹은 인격자라고 말할 수 없다. 그런 점에서 이 선생은 참 좋은 성격을 타고 났다. 본인은 자기도 화가 나면 제어하기 어려울 정도가 된다고 하는데 (누군들 그렇지 않겠는가) 그 반면 웬만한 일로는 화가 잘 나지 않는다고 말한다. 그의 아내가 '당신은 정말 화도 안 나요?' 질문을 자주 하는 걸 보면 그는 참 좋은 성격임이 분명하다.

나는 부끄럽게도 천성이 가볍다보니 아직까지도 매사에 일희일비하면서 산다. 화를 잘 낼뿐만 아니라 화를 참느라 애를 쓸 때도 자주 있다. 그런데 정작 함께 살아가는 가족들에게는 화를 잘 내고 타인들에게는 화를 낼만한 상황에서도 참는 편이니 가끔 사람들을 통해 듣는 사교적인 성격이라는 평가가 마치 위선자라는 지적처럼 따갑게 느껴지기도 한다.

사람의 한살이가 그렇다. 모든 사건은 사물은 받아들이는 사람마다 개인화된다. 지금 바라보는 하늘의 하얀 구름이 누구에겐 막막한 근심으로 느껴지는데 다른 누구에겐 희망의 상징물로 느껴진다. 어떤 이는 구름이 햇빛을 가려주니 기분 좋게, 어떤 이는 햇빛을 가로막으니 불쾌하게 느끼기도 한다. 그렇다고 일관성이 있는 것도 아니다. 저마다 때에 따라 생각에 따라 근심에서 희망으로, 혹은 즐거움에서 불쾌함으로 바뀌기도 한다.

나는 저 하늘의 구름도 혹은 햇빛도 그 때마다 내게 필요하므로 허락된 것이라 믿는다. 구름을 원했는데 햇빛이 나올 수도 있고 햇빛을 원했는데 구름 아래를 걷는 경우도 있지만 결국은 내게 좋은 것이라는 믿음이 있다. 하나님은 선 정의 사랑 소망 등 모든 좋은 것의 창조주로 반대인 악 불의 증오 절망 등 모든 나쁜 것은 그 '모양조차' 싫어하심을 알기 때문이다. 때로 일시적으로 나타나는 부정적인 현상은 좋은 것을 더욱 강조하기 위함인 것이다. 죄가 많은 곳에 은혜도 많은 것처럼. 불의는 정의를 더욱 빛나게 하는 것처럼.

지난 세기 최고의 작가 중 한사람이었던 'C S 루이스'는 저서 '순전한 기독교(Mere Christianity)'에서 이런 말을 했다. 주위사람들이 보기에 품성이 별로 좋지 않은 사람이 어느 날부터 기독교를 믿고 변화되어 조금이나마 선한 행동을 하게 된다면 아마도 품성이 좋아 더 많은 선한 행동을 한 사람보다 하나님은 더 칭찬을 해주실 것이라고.

나처럼 세상에 대해 약하고 자주 끌려 다니는 성격을 가진 사람에게 희망을 주는 말이기에 나는 그 구절에 밑줄을 그어 놓았다. 내가 조금이나마 긍정적인 좋은 성격으로 변했다면(변해간다면) 예수님을 믿기 때문이다. 그런 의미로 기독교를 믿는 데도 좀처럼 변하지 않는 그 누군가를 비판하는 사람은 'C S 루이스'의 말에 한번쯤 귀를 기울여보라고 부탁하고 싶다. 아마도 그 누군가는 기독교를 믿었기에 그나마 조금이라도 변했을 것이다. 오늘 당신도 변화되기 원하는가. 기독교는 반드시 사람을 변화시킨다.

덧붙이는 글, 노파심에서 설명을 해야겠다. 위의 글은 결코 이원론을 배경으로 한 것이 아니다. 이원론은 선과 악, 정의와 불의, 사랑과 증오 등을 동등한 개념으로 다루지만 하나님의 창조섭리는 이원론으로 설명될 수 없다. 선은 홀로 존재할 수 있지만 악은 선이 없으면 존재할 수 없기 때문이다. 악은 선에 대응하는 그림자로만 존재하는 하위 개념이다. 천사가 타락하여 사탄이 된 것과 같이 하나님은 선의 완성을 위한 역설적인 도구로 악을 허락하셨을 뿐이다. 정의와 불의, 사랑과 증오 등도 마찬가지이다. 따라서 영원한 존재의 근원에 도달하려는 인간의 염원은 선, 정의, 사랑 등 긍정적이고 좋은 것을 추구할 때에만 성취될 수 있다.

스타를 위하여

'저 별은 나의 별 저 별은 너의 별 아침이슬 내릴 때까지'

소년 시절 윤형주의 노래를 따라 부르곤 했다. 그리곤 꿈을 꾸었던가. 나도 별처럼 빛나는 사람이 되어야지 노래를 부르던 시인이 되던 사업을 하던 나도 스타가 될 거야… 아직 삶과 세상을 모르는 시절엔 누구나 그랬듯이 나 역시 이런 꿈들이 당연히 이루어질 것이라 생각하며 살았다.

'하늘의 별처럼 많은 별 바닷가의 모래처럼 많은 모래/ 반짝이는 건 반짝이는 거고 고독한 건 고독한 거지만…'

오래된 정현종의 시 '그대는 별인가' 의 한 구절을 나는 가끔 떠올린다. 우주는 지금 이 시간에도 계속 확장되고 있다니 정말 하늘엔 이 땅의 사람 수만큼 별이 있어 생과 사의 운명을 같이 하는 것 아닐까 그래서 예로부터 소위 현자들은 별을 보며 점을 쳐온 것 아닐까 하는 턱없는 생각도 해본다.

사설이 길었는데 사실 오늘은 하늘이 아닌 이 땅의 스타에 대한 이야기를 하려고 펜을 들었다. 얼마 전 한국의 국민배우라는 안성기가 샌디에고를 방문했다. 작년에 이어 두 번째 열린 한국영화제에 참석하기 위해 온 것인데 영화제에 참석한 몇 몇 관계자들 중 당연히 가장 주목을 받았다. 개막식이 끝난 뒤 주최 측의 주선으로 우리 한인뉴스는 안성기와 인터뷰를 가질 수 있었다.

아역배우로 영화와의 인연이 시작되었다는 그는 오랜 세월 몸에 밴 세련됨이 돋보였으며 시종 솔직하고 겸손했다. 자상한 태도로 친근함이 더했는데 한 분야에서 일가를 이룬 사람다운 아우라가 느껴졌다. 그의 삶이 바로 한국영화의 역사와 호흡을 같이 한 셈이었으니 아는 것도 많았지만, 이 대가 역시 디지털 시대의 전개로 인한 영화 환경의 급변에 대해 이야기할 때는 당황스럽다는 표현을 썼다. 그는 앞으로도 컴퓨터의 조작이 아닌 사람의 향기가 묻어나는 영화를 만드는 데 일조할 것이라는 믿음을 주었다.

인터뷰를 마치고 돌아오는 길에 왠지 마음이 쓸쓸했다. 그렇다면 나의 세월은 무슨 의미였을까… 안성기와 같이 한 분야의 정상에 선 스타를 보며 비교의식을 느끼는 것 자체가 일면 허황된 것이겠지만 앞의 '저 별은 나의 별' 을 부르던 때를 생각해보면 지금의 이 엄청난 거리감에 대해 스스로 납득할 만한 대답을 찾아야 할 것만 같았다. 꿈이 작아서? 게을러서? 오, 운이 없어서? 나는 또 속절없는 생각에 빠져든다. '나는 이렇게… 나는 왜… 나는 지금… 나는… 나는…' 자의식이 이어졌다.

사람들은 흔히 '내 몸은 내가 잘 알아' 말을 한다. 비슷한 의미로 내 마음의 상태는 내가 잘 안다. 내 자신의 내면을 바라보며 어쩔 수 없는 초라함을 슬픔을 느낄 때면 어느덧 나의 시선은 나의 내면이 아닌 주위환경이 아닌 예수님을 향하고 있음을 알게 된다. (나는 그것이 은혜임을 안다.) 그리곤 마음의 평강을 되찾는다. '열 손 가락 깨물어 안 아픈 손가락이 없다'는 말이 있듯이 하나님이 보시기에 스타가 아닌 사람이 어디에 있겠는가. 이런 깨달음과 함께 오늘 저녁, 한 스타와의 만남을 잘 즐겼다는 생각이 들었다.

성경에 보면 예수님의 관심은 이 땅에서 명예며 물질과 건강을 누리며 사는 사람들보다 부족한 사람 아프고 상처 입은 사람들에게 더 향하고 있음을 알 수 있다. 예수님은 가진 사람 강한 사람이 약하고 부족한 사람을 도와주어야 한다고 강조하였다. 이것이 바로 하나님의 '뜻이 하늘에서 이루어진 것 같이 땅에서도 이루어지'는 세상을 만드는 일이며 스타에게 주어진 사명이다. 이웃에게 물질이든 힘이든 재능이든 따뜻한 마음 한 조각이

든 무언가를 조금이라도 나누어 줄 수 있는 사람은 누구나 진정한 이 땅의 스타이다.

살아온 세월, 살아갈 세월

미국에 이민 와 이십 년 가까운 세월을 살았다. 뒤돌아보면 어떻게 그 세월을 살았나 아득하게 느껴진다. 겁 없이 별 준비도 없이 이웃동네로 이사 가듯 훌쩍 떠나와 말 그대로 산 설고 낯선 이국에서 여러 가지 일들을 겪었다.

그동안 먹고 살기 위해 나는 여섯 곳의 직장을 다녔다. 짧게는 3달에서 길게는 6년 정도 다녔고 지금의 '한인뉴스'를 5년째 해오고 있다. 다행스러운 것은 한 곳에서 다른 곳으로 옮길 때마다 자연스럽게 연결이 되었다는 것이다. 미리 계획을 한 것도 아닌데 어떤 계기가 마련되었다. 그러니 이것도 내 인생의 섭리가 아니었을까 여겨진다. (운명이라는 말은 별로 쓰고 싶지가 않다.) 그리고 여러 차례의 경험은 지금의 '한인뉴스' 일을 위한 예비였다는 생각도 하게 된다.

이처럼 직장을 자주 옮긴 이유는 솔직히 돈 때문이었다. 사람이 아무리 돈으로만 사는 것은 아니라 해도 어느 정도는 생활이 보장되어야 하는데 급여가 적다 보니 일에 애정을 가질 수가 없어 조금만 갈등이 생겨도 쉽게 그만 두게 되었다. 그렇다고 사주 측을 원망해본 적도 없다. 자본주의의 직업시장은 수요공급의 원리에 따라 이루어짐을 인정하기 때문이다.

이렇게 쓰고는 있지만 어찌 회한이 없겠는가. 사람이 기계가 아닐진대 공장에서 제품을 만들어내듯 몇 시간에 얼마 식으로 급여가 정해지는 현실이 슬프고 싫었다. 나의 예를 들자면 복사용지 한 페이지 분량의 글을 한 시간 내에 쓸 수도 있고 경우에 따라서는 열 시간이 걸릴 때도 있는데 '이 분량은 몇 시간에 써야한다' 는 식으로 급여가 정해지니 '사람이 글 공장도 아니고…' 하면서 서글퍼질 때가 자주 있었다.

다음으로, 지난 이십 년 동안 다섯 번이나 교회를 옮겨야 했다. 두 번은 교인들과 목회자 간에 분란이 있어 교회가 문을 닫았고 세 번은 LA, 파사데나, 샌디에고 등으로의 이사 때문이었다. 사실 교회를 옮길 때면 직장을 옮길 때보다도 더 마음이 좋지 않았다. 여건이 안정되질 않아 떠돌고 있는 이민의 현실을 나도 이민교회도 그대로 드러내는 것 같아 서글펐다. 하지만 내가 빨리 마음의 안정을 되찾고 정상적(?)인 생활로 돌아갈 수 있었던 것도 결국은 교회와 성도들 덕분이었다.

며칠 전 LA 코리아타운에 나갔다가 미국 온 첫 해에 함께 택시

운전사 일을 했던 김 선생을 우연히 만나 (아, 택시운전 1년도 계산하면 나는 일곱 개의 직장을 다닌 셈이구나) 즐겁게 대화를 나누었다. 겁 없이 한밤에 마약동네에서의 호출에도 달려가던 일이며 손님들을 태우고 샌프란시스코로 라스베가스, 그랜드 캐년으로 관광안내 역할을 하던 일들을 회상했다. '그래도 그때는 열심히 하는 만큼 돈도 좀 만졌어…' 하며 즐거운 추억에 젖어보았다. 카지노 손님을 자주 태우던 당시의 동료운전사 이 씨는 결국 도박으로 패가망신을 하고 말았다는 서글픈 사연도 들었다. 김 선생은 지금은 LA 다운타운에서 꽃가게를 운영한다고 했다.

돈은 좀 벌었느냐는 나의 물음에 김 선생은 예의 사람 좋은 그 미소를 지으며 대답했다. '살아온 게 번거죠 뭐.' 당시 초등학교에 다니던 두 딸애가 대학까지 마치고 시집을 갔으니 그것만으로도 이민 온 보람을 느낀다고 그는 말했다.

김 선생과 헤어져 돌아오는데 그동안 '살아온 게 번 것'이라는 그의 말이 되새겨진다. 그리고 동일한 의미로 인간의 삶은 결과도 중요하지만 과정이 더욱 중요하다는 생각을 한다. 흔히 '개같이 벌어 정승같이 쓴다' 는 말이 있지만 개같이 번 사람은 결코 정승같이 쓰지 못한다는 것이 내가 겪은 세상살이의 경험이다. 그만큼 사람은 세상을 살아온 그 삶의 내용으로 평가받는 것이다. 김우중이 망했다고 해서 그가 세운 '대우'가 국가 경제발전에 끼친 영향을 무시하는 평가는 별로 없다. 솔로몬 왕이 말년에 여인들 틈바구니에 끼어 이방잡신들의 신당을 마구 허락했다고 해서 그의 치세의 위대한 업적이 쓸모없는 것으로 평가되지는 않았다. 그러니 인간사란 무엇보다 삶의 내용이 과정이 중요함을 알 수 있다.

그래서 다시 결심을 한다. 살아가면서 말로 행동으로 사람들에게 상처를 주지는 않는지 나로 인해 피해를 입는 사람은 없는지늘 살펴볼 일이다. 평소 불화하여 마주치기도 싫은 사람이 있다면 나중에 두고 보자 독기를 품기보다 먼저 화해의 손을 내미는 것이 인생의 나중을 위해서도 현명한 일일 것이다.

누군들 삶의 마지막을 평온하게 만들고 싶지 않겠는가만 내가 이 글을 쓰는 진짜 이유는 (내 자신을 포함해) 우리 이민 1세들을 위로하고 싶기 때문이다. 비록 지금 돈은 없을지 모르지만, 김 선생의 말처럼, 이민 정착을 위해 나름대로 열심히 살아온 그 세월이 바로 번 것이라 평가받고 싶다. 우리 2세들이 미국 땅에서 제 자리 잡는 모습을 보는 것만으로도 우리의 인생은 성공한 것이라고 말하고 싶다. 이민 1세로서 이 땅에 하나의 뿌리를 내린 그 사실이 바로 성취와 보람의 역사였음을 우리의 후세들에게도 당당히 알려주고 싶다.

여름감기 중에

'내가 아파보니 아픈 사람들의 심정을 알 것 같아' 사람들이 흔히 주고받는 말이다. 참으로 지당한 말씀인데 내 자신이 아플 때에만 이 말이 생각나니 딱한 일이다. 몸이 멀쩡할 때에 이 말이 생각나야 미리 건강도 좀 챙기고 불편한 사람들 아픈 사람들에 대한 배려도 할 수 있을 터인데 막상 내 자신이 아플 때에야 이 말이 생각나며 주위의 사람들에게 양보, 배려를 받으려드니 따지고 보면 나 같은 이기주의자도 없을 것 같다.

이번에도 그렇다. (여름감기는 뭐도 안 걸린다던데) 이삼일 목이 잠기더니 심한 감기몸살이 오고 말았다. 사무실에 앉아 있기도 힘들고 걸려오는 전화도 귀찮기만 하다. 꼭 해야 할 일만 최소한도로 겨우 하고 있다. 그러다보니 느느니 짜증이요 원망이다. 일을 도와주러 온 아내에게도 짜증을 내며 이것저것 요구만 하니 아내의 표정도 곱지만은 않다. '그래, 당신이 아프니 지금은 참는다.' 말은 하지 않아도 아내의 눈빛에서 나는 이 말을 읽는다. (이렇게 며칠이 지나니 그나마 감기몸살이 많이 물러갔기에 조금씩 글도 쓴다.)

그런데 정작 몸이 아프고 아무 일도 할 수 없을 때 오히려 나는 어떤 만족감을 느끼곤 하는데 이런 마음의 조화를 어떻게 설명해야 할지 모르겠다. '나는 지금 앓는 일을 하고 있다' 는 생각이 드는 것이다. 몸과 마음이 오로지 아픈 것에 집중이 되어 있으니 평소에 나를 따라 다니고 있는 '마음은 한없이 바쁘고 육체는 한없이 게으르고' 라는 자의식에서 강박관념에서 그나마 벗어날 수 있기에 그런 모양이다.

나의 누이들이 말해오던 그대로 나는 자신을 들볶는 성격이다. 무언가 생산적인 일, 의미 있는 일을 하고 있어야 마음이 편하다. 요즘은 글쓰기와 취재, 영어공부, 영업(행동은 잘 못하면서 계획만?), 아침산책 등이 그 일이다. 매일 성경읽기와 기도도 내게는 중요한 일의 하나이다. 다른 것들로는 위의 강박관념에서 벗어날 수가 없다. 어떤 날은 하루 종일 책을 읽는데 밤이 되면 만족감보다는 덧없이 시간을 보냈다는 자책이 든다. 책도 '적당히' 읽어야 생산적이 되는 법이다. 그런 의미로 TV 드라마를 보는 것도 자주 시간이 아깝다. 직업이 글 쓰는 사람이니 조국의 문화코드를 읽기 위해 드라마를 보는 것이라고 역설하는 것까지는 좋은데 '적당히' 보다 지나치니 문제인 것이다.

신문이나 잡지를 읽다가 오래 기억하고 싶은 것이 있으면 오리거나 카피를 해서 내 사무실의 벽에 붙여놓곤 한다. 얼마 전엔 '행복, 노력하면 얻을 수 있다' 는 제목의 기사 하나를 붙여놓았다. 소제목에 밑줄까지 그어 놓았는데 '사람이 하루에 할 수 있는 일은 그리 많지 않다' '사소한 일도 즐기고 만족해라' 가 그것이다. 나의 삶에 대해 반성을 넘어 지나친 자책이 들 때면 나는 이것을 읽곤 한다. 나의 내면에 자리 잡고 있는 무언가를 성취해야 한다는 욕심, 서두름을 경계하기 위해서이다. 현재의 삶을 작은 것이라도 소중하게 느끼며 누리기 위해서이다.

아침에 일어나 성경을 읽으며 묵상을 하다보면 예수님이 나와 함께 하신다는 든든함으로 평화가 감사가 넘치는 시간이 있다. 마음에 잔잔한 기쁨을 느낀다. 세상에 나가면 천박한 사람들과 부화뇌동하거나 턱없는 조급함에 갈피를 못 잡곤 하지만 그런 중에도 아침의 그 든든함을 간직하기 위해 '항상 기뻐하라. 쉬지 말고 기도하라. 모든 일에 감사하라' 를 되뇌곤 한다. 인생을 살아가면서 가까이에 나를 나의 삶을 내어드리고 싶은 분이 있음은 분명 행운이요 축복이다. 당신을 그런 자리로 초대하고 싶다.

아웃사이더를 위하여

세월의 저편에 간직되어 있는 하지만 아직도 어떤 목마름으로 반추되는 추억으로 시작하자.

나는 고등학교에 입학하자마자 공부에 흥미를 잃었다. 소위 제도권 교육에 흥미를 잃고 말았다. 학교에서 배우는 지식은 인생을 아는 데 별로 소용이 없는 것 같았다. 그 대신 나는 세계적 대문호들의 소설에 매달렸다. 톨스토이, 도스토에프스키, 헤밍웨이, 레마르크 등의 전집과 셰익스피어, 이광수 전집을 고 1때 독파했으며 당시 학생들이 읽던 학원이라는 잡지보다는 현대문학, 문학사상을 들고 다녔다. 나도 글을 쓰겠다는 욕망으로 시며 소설을 쓰기 위해 밤을 지새우기도 했다.

학교성적은, 고백을 하자면, 한 마디로 바닥이었다. 중학교 시절 내내 60명 정원의 학급에서 5등 안에 들던 성적이 고등학교에 진학을 하자마자 57등으로 떨어졌다. 내 밑의 3명은 운동특

기생이었으니 내가 꼴찌인 셈이었다. 그러면서도 별로 창피를 느끼지 않았다. 나는 인생의 진리를 캐는 공부를 하고 있다고 생각했다. 친구들이 저마다 대학으로 진학을 한 후에도 나는 남산 국립도서관, 종로의 르네상스, 명동의 필하모니 음악감상실 등을 전전하며 책을 읽고 시를 쓰고 소설을 썼다.

하지만 예나 지금이나 세상이란 그렇게 만만한 것이 아니었다. 대학이라는 간판이 없으니 아무도 나의 글을 읽어주지 않았다. 날이 갈수록 아웃사이더로서의 비애를 절감해야 했다. 나는 뒤늦게 다시 교과서를 붙들고 씨름하여 대학엘 진학했다. 더 나아가 문인들의 세계에서 면허증 따기로 비유되는 문예지의 소설공모에 당선되어 등단이라는 절차도 갖추었다. 그러고 나니 내 글을 읽고 책을 내주겠다는 출판사도 생겨 몇 권의 책을 서점에 내놓을 수 있었다.

아직도 나는 세상과의 그 타협이 조금은 비겁했다고 생각한다. 나는 세상의 제도, 특히 공부제도라는 것을 별로 신뢰하지 않는다. 그것은 기득권을 지키려는 사람들이 고안해낸 편 가르기에 다름 아니라는 생각을 하곤 한다. 오로지 대학진학을 위해 외웠던 화학기호들과 수학방정식이 내 삶에 무슨 의미인지 모르겠다. '비리박스원곰' 으로 외우던 '비루스, 리케챠, 박테리아, 스피로헤타, 원생동물…' 등이 내 인생과 무슨 상관인지 모르겠다. 그러니 '로버트 풀검'의 책 제목 맞다나 '내가 정말 알아야 할 모든 것은 유치원에서 배웠다'는 선언(?)에 찬성을 한다.

오, 여기까지 쓰고 나니 마치 내가 학교공부의 무용론을 주장하는 것 같이 느껴진다. 하지만 내가 정작 쓰고 싶은 말은 획일화된 교육제도의 답답함에 대한 소회이다. 사람의 적성과 소양은 저마다 다르기 마련이니 다양한 개성이 인정되고 존중되는 교육이 되어야 한다. 하지만 이것을 깎아내고 틀을 짜서 맞추려는 제도가 안타깝기만 하다. 제도란 이름으로 금을 그어놓고 거기에 도달하지 못한 사람들은 소외시키고 도태시키는 것이 교육의 본질은 아니다. 사람의 우열을 가르는 제도가 아닌 함께 사는 원리를 가르치는 공부가 되어야 한다.

단순화하자면 가정교육에서 그 대안을 찾을 수 있을 것이다. 이 세상의 부모 된 사람들이라면 자신의 자녀들이 함께 잘 살기를 희망한다. 그래서 좀 모자라고 뒤처지는 자녀에게 더 많은 것을 지원하게 마련이다. 다른 자녀들은 그러한 부모를 보며 자기가 차별을 당한다고 원망하지 않는다. 조금 모자란 형이나 동생을 위해 희생을 감수하기도 한다.

예수님도 부자며 많이 배운 사람, 건강한 사람들은 더 많이 바치고 더 섬기는 자가 되어야 한다고 가르치셨다. 가난한 사람,

무식한 사람, 병든 사람과 함께 더불어 사는 원리를 가르치셨다. 이러한 예수님의 가르침에 따라 초대교회 성도들은 차별 없는 평등한 공동체, 저마다 '능력만큼 일하고 필요만큼 쓰는' 공동체를 만들었다.

가정은 하나님이 만드신 천국의 모형이라고 한다. 인간의 타고난 이기심과 탐욕이 가족 모두를 위해 극복되고 사회화되는 실험장이라 할 수 있다. 그러니 핏줄의 한계를 뛰어넘어, 제도의 한계를 뛰어넘어 '공동의 선'의 적용 범위를 교회로, 세상으로 확장시켜 나가는 것이 이 땅과 이 시대를 사는 크리스천의 소명이다.

사람보험 관계보험

미국에 이민 와 알게 된 선배 연배의 한 분에게서 전화가 왔다. 사업을 정말 크게 하는 분으로 평소 만나기도 어려운 분인데 안부가 궁금하다며 모처럼 전화를 해 온 것이다. 피차 근황 등에 대한 이야기를 나누다가 문득, 자연스럽게 대화를 나누지 못하고 왠지 허둥거리고 있는 내 자신의 모습을 발견했다. (나이 차이가 많은 데에 따른) 예의가 아니라 시종을 저자세(?)로 일관하고 있는 자신의 모습을 본 것이다. 오, 내가 이 양반에게 무언가를 기대하고 있구나… 하는 반성이 들었다. 따지고 보면 도움을 받을 일도 없고 사업상으로 연결이 될 일도 없으니 담백할 수 있는 사이인데 막연히 의지의 마음을 갖고 대하는 내 자신이 서글펐다.

주위를 돌아보면 지위가 높거나 돈이 많은 사람과의 관계 맺기에 유난히 노력을 기울이는 사람을 볼 수 있다. 이런 사람들일수록 이를 과시하는 것으로 자신의 존재가치를 나타내고 싶어 하기 마련인데 흔히 정치인들과의 연줄을 강조한다든가 경찰이며 판검사 등 법조인들과의 관계를 과시하곤 한다. 평소 얼마나 도움을 받는지는 모르겠지만 의사, 변호사, 회계사 등 전문인들과의 유대를 말하고 다니는 사람들도 있다. 하긴 한국사회의 재벌이나 큰 비즈니스를 하는 사람들은 선거철이 되면 당선이 될 만한 후보에게 정치자금을 기부하면서 당선확률이 적은 후보에게도 일정액의 정치자금을 대주는 경우가 많은데 이런 것을 불러 '보험 들기' 라고 말한단다. 정경유착의 고리가 끊이지 않는 사회가 되다보니 나타나는 현상인데 이런 보험 들기가 사회의 건강을 담보할 수 없다는 것은 분명한 사실이다.

누군가에 대해 알고 싶으면 그 사람이 자주 어울리는 사람들을 보면 된다는 말이 있다. 일면 공감이 간다. 한국에 있을 때 내가 주로 만나는 사람들은 문인이거나 선생, 공무원들이었다. 내 전공이며 하는 일이 그런 방면이었기 때문이다. 그러던 차에 미국에 이민 와서는 그야말로 다양한 사람들을 만나고 있다. 장사하는 사람, 막노동에서부터 최고의 전문직에 종사하는 사람, 돈이 많은 사람, 가난한 사람, 인격을 갖춘 사람, 이기적이고 심지어는 남에게 해를 끼치는 사람, 신앙심이 좋은 사람 등 다양한 사람들을 만나고 있다. '정말이지 세상에 이런 사람도 있구나…' 충격을 받을 때도 있지만 그래도 사람과 삶의 다양함을 보면서 산 공부를 한다는 마음으로 긍정적으로 생각하려 한다.

성경에도 하나님이 만드신 것은 모두 다 좋은 것이고 감사하는 마음으로 받아들이면 하나도 버릴 것이 없다(디모데전서 4장 4절)고 가르치고 있다. 무엇보다도 내 자신이 믿음을 더 쌓게 되었으며 교인들과 자주 어울리는 생활을 하고 있는 것에 감사를 드린다. 요즘 들어 교회와 교인들의 분열과 부패상을 비판하는 목소리가 더 커져가는 것도 사실이지만 그래도 이 땅의 이 시대의 마지막 희망은 교회에 있다고 나는 확신한다.

다시 앞의 이야기로 돌아가자. 전화를 끊은 뒤 생각을 해보았다. 신앙인으로서 부끄러운 고백이지만, 아무래도 나에게도 세상을 살려면 강자에게 도움을 받아야한다는 보호 본능의 DNA가 뿌리깊이 새겨져 있는 모양이다. 이런 유약함에서 벗어나려면 정의와 선의 승리, 역사의 승리에 믿음을 두고 순간순간 내 자신의 마음을 다스리는 수밖에 없다. 한 걸음 더 나아가 이를 확실히 극복하는 길은 (위의 표현식으로 말하자면) 예수님께 보험을 들 때만 가능하다. 예수님과 관계를 맺을 때, 즉 하나님께 나올 때에만 사람의 마음은 인식은 그 삶은 진정한 안정과 평강을 누릴 수 있다.

'하나님이 우리에게 주신 것은 두려워하는 마음이 아니요 오직 능력과 사랑과 절제하는 마음이니 (디모데후서 1장 7절)'

‘거짓말의 여운 속에서’

“이건 정말 특별한 가격입니다. 사장님의 비즈니스가 잘 되길 바라고 좋은 관계를 유지하고 싶어서 드리는 거예요.”

흔히 장사꾼의 거짓말은 거짓말이 아니라는 말이 있다. 그런 의미에서 나도 어느덧 장사꾼이 다 되었다. 어차피 소정의 기준에 따른 가격을 받으면서도 한 사람 한 사람을 특별히 위하는 듯 말하고 있으니 선의로 하는 것이긴 하지만 따지고 보면 거짓말이기에 하는 말이다.

한국의 저명한 석학 이어령 교수의 딸 이민아는 이십 대에 미국으로 온 이민 1세이다. 캘리포니아에서 검사, 변호사 생활을 하다가 오십에 목사 안수를 받고 활발한 사역을 펼치다 오십 삼 세라는 비교적 이른 나이에 세상을 떠났다. 그녀는 일찍이 말기 암에서 망막박리라는 실명의 위기에서 신앙의 힘으로 치유되는 경험을 했다. 또한 의사들도 포기한 아들의 자폐증이 어느 날 기적적으로 치유되는 경험도 했다. 그녀는 이러한 경험들을 간증

하며 많은 이들을 전도했는데 특히 한국지성의 상징이라 할 수 있는 아버지 이어령 교수를 전도해 기독교인으로 이끈 것은 큰 화제가 되기도 했다.

이민아의 간증을 모은 책 '하늘의 신부'를 읽다보면 그녀는 심성이 참으로 고왔던 사람임을 알 수 있다. 책을 보면 검사 생활을 했을 때는 월급을 받으니 돈벌이에 별로 스트레스가 없었는데 변호사를 하게 되니 '이 케이스는 얼마를 주셔야 합니다'라는 거래에 입이 잘 안 떨어지더라는 말을 몇 차례나 적고 있다. 또한 신앙심이 깊어지면서 (하나님의 음성을 듣기 시작하면서) 변호사들이 업무상 흔히 하게 되는 거짓말도 너무나 마음에 걸렸다는 고백을 했다. 자기에게 유리한 타임을 잡기 위해 재판날짜를 연기하는 것은 변호사 사회에선 거의 상례화 된 일인데 뚜렷한 사정이 있는 것도 아니면서 재판날짜를 연기하는 거짓말을 할 수가 없더라는 것이었다.

이런 부분을 읽으며 나는 문득 자신을 돌아보았다. 나 같으면 별로 마음의 부담감 없이 의뢰인에게 사건의 수임료를 말하고 또한 양심의 가책 없이 재판연기(타이밍을 주도하기 위함이라지 않던가)를 할 것 같았다. 이렇게 말은 하지만, 따지고 보면, 나 역시도 매사에 무척이나 소심한 편이다. 이런 식이다. 주차장에 차를 세울 때에 차가 주차라인을 밟는 다거나 한쪽으로 치우

치는 것을 나는 못 견뎌한다. 가운데 반듯하게 세워놓아야만 안심이 된다. 또한, 가끔 LA 한인타운에 갈 때면 서점에도 들르게 되는데 책 구경이나 해야지 하고 들어갔다가 빈손으로 나오는 것이 눈치가 보여 번번이 별 흥미도 없는 책을 사곤 한다.

아무튼 이처럼 남들의 눈치나 보고 배짱이라곤 없는 자신을 자학하곤 했는데 이민아를 읽다보니 저절로 한숨이 나왔다. '이 사람은 한술 더 뜨는 사람이구나…' 그러다가 다시 반성적으로 깨달아지는 것이 있었다. 나야 소심함이 그 이유라지만 이민아는 어쩌면 천성적으로 마음결이 고운 사람이라는 생각이 들었기 때문이다. 정말 사람들은 저마다의 기준으로 사건을 사물을 판단하고 바라본다. 법이라는 잣대가 있긴 하지만 그것은 드러나는 행위에 대한 판단이고 사람의 속마음을 관장하는 양심의 기준은 저마다 다를 수밖에 없다. 그래서 심리학자 프로이드도 '높은 도덕성을 지닌 사람일수록 양심의 가책도 많다' 고 말했다.

이민아를 읽으며 다시 깨달을 수 있었다. 사람이 고결한 양심을 지닌다는 것은 분명 아름다운 일이요 축복이다. 쇠심줄 같이 굳어진 마음으로 남을 배려하지 못하고 자신의 입장만 내세우는 사람들이 많은 이 세상에서 이런 이들은 손해를 보며 살지 모르겠지만 이들이 있어 세상에는 인정이 흐르고 세상이 아직은 살

맛이 나는 곳으로 존재하는 것인지도 모른다. 그러니 이런 이들을 본받아 나 자신부터 일상의 거짓말에 대한 합리화를 멈추고 사람들을 진심으로 배려하는 마음으로 살아야겠다고 다짐을 한다.

'나는 아무것도 안 속였는데 모든 것을 속였다/ 이 죄에는 사과의 길이 없다.'

한국현대문학사에 큰 발자취를 남긴 위대한 시인 김수영의 '거짓말의 여운 속에서' 중 한 구절이다.

사랑받지 못하여

우리 아이들이 고등학교에 다니던 시절, 하루는 아이들에게 물었다.

"너희는 하나님을 생각하면 어떤 모습이 떠오르니? 무언가 잘못을 저지르면 벌을 주는 무서운 분으로 느껴지니? 아니면, 그 앞에서 필요한 것을 말하면 들어주는 다정하고 좋은 분으로 떠오르니?"

가벼운 대화처럼 아이들에게 물었지만 내심 나는 긴장을 하고 있었다. 아이들의 대답 여하에 따라 아버지로서 나의 이미지가 아이들에게 어떻게 형성되어 있는지도 짐작할 수 있기 때문이었다.

심리학자들은 많은 크리스천들의 경우 하나님의 형상을 자신의 아버지와 비슷한 이미지로 떠올리게 된다고 설명한다. 엄한 아버지 밑에서 자란 사람들은 근엄하고 위엄 있는 모습으로 하나님이 그려진다고 한다. 한편 아버지와 친근하고 다정한 관계

속에서 자란 사람들은 하나님의 모습이 다정다감하게 느껴진다고 한다. 관련 분야의 공부를 하지 않은 사람이라도 쉽게 동감할 수 있을 것 같다.

내게는 하나님의 모습이 위엄 있고 엄격한 분으로 느껴진다. 그분 앞에 서려면 예절 바르고 공손해야 하는 마치 학교 시절의 교장 선생님 같은 분으로 느껴진다. 내가 무언가 잘못이라도 저지르면 "너 이러면 안 되는 것 알지?" 벌을 주실 것 같다. 앞에서 설명한 바와 같이 워낙 엄격한 아버지 밑에서 자란 때문일 게다. 나의 아버지는 권위적이었으며 늘 예절을 강조하는 분이었다. 자식을 바라보는 눈에 웃음이 없었고 무슨 일에도 칭찬을 몰랐다.

나는 그런 아버지 앞에서 말도 잘 못했다. 학교에서는 친구들과 이야기도 잘 하고 교회에서는 학생회 회장을 도맡아 할 정도로 활발한 편이었지만 집에서는 늘 아버지의 눈치를 보며 주눅이 들어서 살았다. 이런 내 자신이 싫고 아버지가 싫어 평일에는 학교 도서관에서 늦게까지 있었고 휴일이나 방학에는 친구들의 집으로 놀러가 버리곤 했다. 아버지는 내가 군대에 갈 때에도 안방에서 절을 받으며 "그래, 사내라면 누구나 하는 것이니 잘 갔다 와라." 한 마디 했을 뿐 대문밖에도 나오지 않았을 정도로 정을 줄 줄을 몰랐다. 그러니 내가 머리가 커가면서 아버지와 반

목했던 것은 어쩌면 예정된 순서였다는 생각이 든다.

아버지의 엄격함이 내 인생에 순기능으로 작용한 점도 있긴 하다. 어렸을 때부터 나는 동네 어른들에게 예절바르다는 칭찬을 많이 들었다. 내가 직장생활을 할 때 첫 승진이 빨라 그 후에도 유리한 점이 많았는데, 알고 보니 승진의 사유가 윗사람들에게 인사를 잘하는 예의바른 직원이라는 것이었다. 사실 따지고 보면 예절이라기보다 윗사람 앞에서의 주눅이었다는 것이 정확한 표현일 것 같다.

지금도 내가 기도할 때에 느끼는 대상은 하나님이기보다는 예수님인 경우가 더 많다. 마음속의 계획 소망을 부담 없이(?) 말씀드리려면 엄격한 하나님보다는 다정다감한 모습으로 그려지는 예수님이 훨씬 편하게 느껴진다. (삼위일체의 하나님이시니 사실은 기도 시 구분이 무의미하지만 나의 주관적인 느낌이 그렇다는 것이다.) 예수님은 이 땅의 소외된 사람들을 더 사랑하셨다. 배경이 없다고 못 배웠다고 가진 것이 없다고 몸이 불구라고 사람들은 업신여기고 차별했지만 예수님은 그들을 위해 사셨고 죽기까지 사랑하셨다. 이 사랑을 체험한 사람은 아무리 불우한 조건에서 살았어도 사랑 없이 살았어도 새롭게 태어나 기쁘고 평화로운 삶을 경험하게 된다.

어린 시절에 사랑을 받고 자란 사람과 그렇지 못한 사람은 훗날 인생을 세상을 바라보는 시선과 삶의 태도가 다를 수밖에 없다고 한다. 전자는 자신감이 있고 긍정적인 반면 후자는 소극적이고 비판적인 성향을 지니게 된다. 물론 턱없는 자신감이나 낙천성으로 덤벙대다 실패를 하는 경우도 있고 회의적인 성향이지만 사물의 현상을 세밀히 살펴 무언가를 성취하는 경우도 많으니 굳이 우열을 논할 것은 아니지만 아무튼 삶을 기쁘고 밝게 살아가는 것은 하나님의 창조목적에도 부합되는 것이다. 그리고 인간의 사랑은 불완전한 것이다. 주어진 환경에 따라 사랑의 베풂도 받음도 계량될 수밖에 없다. 예수님(하나님)에게만 온전한 사랑이 있다. 그런데 이 사랑에는 조건이 없다. 누구든지 그냥 마음을 열고 받아들이기만 하면 된다.

앞의 얘기도 결론을 맺자. 나의 질문에 우리 아이들은 이렇게 대답했다.

"나는 하나님이 따듯한 분으로 느껴져. 하나님은 내게 화를 못내는 분 같아. 나는 하나님 앞에서 어리광도 부리고 어떤 말도 할 수 있어."

'꽃으로도 때리지 말라'

월드비전을 통해 봉사활동을 펼치고 있는 탤런트 김혜자가 쓴 '꽃으로도 때리지 말라' 라는 책이 있다. 내용에서도 감동을 받았지만 필자에게는 그 제목이 더 마음 깊이 새겨져있다. 어떤 형태이든, 소위 말하는 '사랑의 매' 일지라도 폭력은 사라져야 한다는 메시지를 그보다 더 강렬하게 담고 있는 표현을 필자는 아직 보지 못했다. 저 아프리카 오지에서 굶주림과 병마에 시달리며 죽어가는 어린애들을 보며 가슴아파하는 저자의 마음이 그대로 담겨있는 책인데 여러 곳에서 공감을 느낄 수 있었다. 필자에게도 누군가 세상에서 가장 슬픈 것을 꼽으라면 어린애들이 눈물을 흘리는 모습이라고 대답하겠다.

돌이켜보면 1980년대의 한국에는 지지리도 못사는 사람들이 많았다. 일명 달동네라 불리던 판자촌이 여러 곳에 있었다. 그곳에서는 정말 어린애들의 울음소리도 높았다. 당시 민주화 운동을 하던 대학생들은 '야학' 이라는 이름으로 달동네의 어린이와 청소년들을 모아 공부를 가르쳐주곤 했는데 여기에 참여했던 필자는 달동네를 오르내릴 때마다 매번 들어야하는 어린애들의 울음소리가 감당이 안 돼 몇 번이나 그만두려 했었다. 경찰에 잡혀갈 수도 있다는 사실은 오히려 별문제가 되지 않았다.

달동네에서는 대낮에도 술 취한 사내들이 비틀거리며 골목을 누비는 것을 자주 볼 수 있었다.하루가 멀다고 온갖 악담을 퍼부으며 부부싸움을 벌이다가 머리를 산발한 채 골목으로 뛰어나오는 여자들의 모습을 흔히 볼 수 있었다. 그런데 정말 가슴이 아팠던 것은, 이런 일들이 벌어질 때마다 골목의 한 귀퉁이에서 어린애들이 숨을 죽이고 흐느끼는 모습, 목을 놓아 우는 모습을 본다는 것이었다. 자기가 왜 걸핏하면 매를 맞아야 하는지, 왜 구박을 받아야 하는지, 왜 굶주려야 하는지, 왜 병에 시달려야 하는지 영문도 모르고 어린애들은 골목에서 울었다. 아침이면, 책가방을 둘러매고 엉엉 눈물을 훔치며 학교로 향하는 아이들의 모습도 흔히 볼 수 있었다.

필자는 어떤 형태이든 경쟁을 싫어한다. 선의의 경쟁이라는 말도 싫다. 경쟁이라는 단어에 들어있는 비정함과 순위와 우열을 가르는 그 차별성이 싫다. 그것은 현실도피이며 질 것이 두려운 사람의 자기변명이라는 말을 듣더라도 할 수 없다. 인생에서 경쟁은 피할 수 없는 것이며 경쟁을 통해 발전하는 것이 세상법칙이라는 설명도 받아들이기 싫다. 굳이 위에 적은 어린애들과 연결을 지어 말을 하자면, 눈물을 흘리며 자란 사람과 좋은 환경에서 모든 지원을 다 받고 자란 사람이 어떻게 경쟁을 할 수가 있겠는가.

사람들은 저마다 다른 환경 다른 적성을 가지고 태어났으니 소통과 조화를 통해 발전을 이루어야 한다. 누구든지 자신의 여건에서 최선을 다하면 되는 것이다. 그러니 굳이 경쟁원리를 받아들이지 말자는 것이 필자의 생각이다. 그러다보니, 솔직히, 매사에 먼저 지고 마는 유약한 사람이라는 평가를 받아왔으니 무언가 균형 감각이 필요하다는 각성도 느끼곤 한다. 하지만 세상적으로 보자면 비경제적 비실용적으로 살아왔지만 여기까지 살아온 것에 에벤에셀 그 하나님의 은혜에 감사를 드린다.

성경에서도 경쟁심을 부추기는 단어를 못 보았다. 예수님은 사랑과 양보, 희생, 용서를 강조하셨지 무언가 성취를 위해서 경쟁을 하라든가 투쟁을 하라는 말씀은 하지 않으셨다. (물론 악과의 싸움, 악한 세력과의 투쟁은 전혀 다른 문제이다.) 더 나아가 사도행전에서는 대중적으로 선택을 해야 할 때에는 제비뽑기를 하는 장면도 나온다.

다시 위의 이야기로 돌아가자. 경쟁을 강요하는 세상법칙 때문에 (억울하게) 살아왔다면 앞으로는 하나님의 법칙으로 살아보자. 어차피 세상법칙으로는 안 되니 하나님의 법칙으로 살아보자. 그리하여 저 빨갱이들이 훔쳐간 표어대로 '능력만큼 일하고 필요한 만큼 쓸 수 있는' 세상을 꿈꾸어보자. 무엇보다 어린 애들에게 새로운 희망을 물려주자. 그 첫 번째 실천 방안이다.

'꽃으로도 때리지 말라!'

법대로 합시다

'법대로 합시다'

미국법? 한국법? 하나님의 법!

요즘은 어떤지 모르겠지만, 언젠가 볼일이 있어 LA에 있는 총영사관에 갔다가 건물입구에 붙은 '오늘은 한국의 00 공휴일이어서 휴무입니다' 라는 안내문을 보곤 다소 황당한 기분으로 돌아선 일이 있다. '참 좋은 직장이군 미국공휴일 한국공휴일 모두 쉬니 얼마나 좋은 직장인가…' 당시 느꼈던 생각이다.

미국 속의 한인동포사회에선 일부 사람들이 일을 처리함에 있어 미국법이 자신에게 불리한 경우에는 한국법을 적용하려 들고 한국법이 불리한 경우에는 미국법을 적용하려 들어 비판의 대상이 되곤 한다. 물론 기본적으로는 미국에 살고 있으니 미국법이 우선이고 한국법이 앞설 수는 없지만 무언가 사소한 이익에 혹은 심정적인 공감대가 필요한 경우에 이처럼 편리한대로 적용을 시키는 것이다.

일례를 들자면, 일부 한국인 업주들은 고용한 직원에게 시간외 수당을 지급하는 것에는 아주 인색하면서도 상습적으로(위법적으로) 과외 일을 시키려 든다. 그런 업주들일수록 직원이 시간에 맞추어 '칼퇴근'이라도 할라치면 아무리 미국 땅이라지만 예의도 없고 인정도 없다는 둥 불평을 일삼는다. 그들은 자신의 사업장에 미국인 직원이 있을 때에는 어떻게든 정확히 시간을 적용시키면서도 한국인 직원들에게는 희생을 강요하는 경우가 많아 더 원망을 듣는다.

반대로 일부 한인들은 자신이 직원인 경우 '칼퇴근'이 당연한 권리임을 내세우며 하던 일에 마무리가 필요한 경우에도 마치 대기라도 하고 있었던 것처럼 정확한 시간에 자리를 박차고 일어선다. 그리곤 업주가 섭섭한 눈치라도 보이면 돌아서서 '시간 외 수당을 쳐서 준다고 미리 말을 하던가…' 하면서 분노를 표출한다.

이와 같이, 따지고 보면 미국법이든 한국법이든 이를 적용하려는 것은 나의 권리를 지키기 위함이거나 내게 닥칠 피해를 줄이고자 하는 것에 그 목적이 있다.

그런데 하나님의 법은 철저히 나의 양보와 희생을 목적으로 하고 있다. 더불어 잘 사는 것을 목적으로 하고 있다. '네 이웃을 네 몸같이 사랑하라' '너희가 대접을 받고자 하는 대로 먼저 남을 대접하라' 는 하나님의 법이 바로 그렇다.

그러니 현실적으로 따지고 보면 누군들 하나님의 법을 좋아할 수 있겠는가? 하지만 참으로 묘한 역설은 낮아져야 높아지고, 버려야 채워지고, 죽어야 사는 하나님의 법이야말로 사람에게 참 자유와 평강과 마음의 풍요를 가져다준다는 것이다. 이를 맛본 사람들이 바로 크리스천들이다. 그래서 이 땅의 크리스천들은 날마다 하나님의 법을 묵상하고 이를 지키기 위해 애를 쓰는 것이다.

한편 살펴보면 일반 사람들이 하는 '법대로 합시다' 라는 말은 그 방향이 남을 가리키고 있다. 이에 비해 크리스천의 경우 '법대로 합시다' 는 그 말은 곧 자신을 향하는 말이 된다. 가리키는 방향이 정 반대인 것인데 그러기에 위의 역설이 또한 가능한 것임을 알 수 있다.

그래서 이 땅의 크리스천들은 오늘도 자기 자신을 향해 외친다.
'법대로 합시다!'

미완의 광복이 슬프다

며칠 전의 일이다. 퇴근길 아내의 부탁으로 동네에 있는 본스(VONS)마켓에 들러 달걀을 사들고 나오다 출입구 부근에서 한 아이와 마주치게 되었다.

노랑머리에 파란 눈을 가진 서너 살쯤 되어 보이는 사내아이였다. 엄마의 앞을 아장거리며 걸어오던 아이는 나와 눈이 마주치자 '니 하오 마?' 하며 손을 내밀었다.

나는 자세를 낮추어 아이의 손을 마주잡았다. 그리곤 '노오, 나는 중국 사람이 아니고 한국 사람이야' 라고 말했다. 아이가 고개를 갸웃거린다. 내친 김에 나는 '니 하오 마가 아니야, 안녕하세요라고 해 보렴.' 하고 말했다. 아이는 뭐라고 웅얼거리다가 이내 고개를 젓는다. 나는 웃으며 아이의 손을 놓았다. 그리곤 아이의 엄마에게도 가볍게 인사를 하고 헤어졌다.

차를 타고 주차장을 빠져나오며 나는 문득 코리안… 이라고 중얼거려본다. 그러자 이어지는 생각 하나, 그래, 조국은 나에게 과연 무엇이란 말인가?

–시대와 보통사람들

기자 일을 하다 보니 커뮤니티의 행사들을 취재하게 된다. 행사에서는 의례 태극기와 성조기에 대한 경례와 애국가를 부르는 순서가 마련된다. 그런데, 요즘 따라 애국가를 부를 때면 나는 왠지 숙연하면서도 슬픈 듯한 감정을 느끼게 된다. 그럴 때면 생각을 해보곤 한다. 조국은 나에게 과연 무엇이란 말인가?

지난 날 군사정권의 마지막 주자였던 전두환, 노태우 대통령이 들고 나왔던 '보통사람들의 시대' 라는 표어는 참으로 역설적인 구호였다. 보통사람이 보통사람으로 살 수 없던 시대였기 때문이다.

정치인들과 재벌들은 밀실에서 야합을 했고, 경찰은 무고한 사람을 데려다 고문으로 범죄자를 만들었다. 소위 '안기부' 에서도 고문기술자들이 경제민주정의를 이루려는 사회운동가들을 빨갱이로 조작을 했다. 이것이 1945년 '광복' 부터 1990년대 초반까지 이어지던 조국의 모습이었다.

다시 세월이 흘렀다. 보통사람들은 거리에서 승리를 거두었다.

그 결과 핍박 받던 민주인사가 대통령이 되기도 했고 빨갱이로 불렸던 이들이 국회의원, 교수, 경제인, 사회지도자가 되기도 했다. 이제 조국은 민주화가 이루어진 듯하다. 인권신장이 이루어진 듯도 하다. 빈부격차가 심화되어가니 동반성장을 이루자는 외침이 기득권층의 반발로 비틀거리긴 하지만 세계 20위권 안에 드는 경제대국이 되었다는 평가도 나오고 있다.

–8 · 15는 미완의 '광복절'

그런데, 광복 66주년을 맞이하며 우리는 다시 쓸쓸하고 슬프다. 한반도의 북쪽에서 들려오는 비참한 소식 때문이다.

김정일이 어떻게 나라를, 사람들을 황폐하게 만들었는지 목격하고 있기 때문이다. 오늘도 굶주림에 죽어가는 수많은 북녘 동포들의 비참한 모습이 우리를 같이 절망케 한다. 김정일과 그 아들에게 빌붙어 박수를 치는 소위 지식인이요 엘리트라는 정권 하수인들이 우리를 분노케 한다.

한반도의 남녘 조국은 나에게 부모의 피와 살을 물려주었다. 언어와 사상을 심어 주었고, 평생을 숨 쉬고 살아갈 문화를 설정해 주었다. 그리고 내게 시대의 소명을 주었다. 우리 민족이라면 누구나 받은 그 소명이란, 바로 남과 북이 하나가 되어 온전한

민족이 되게 하는 것이다.

그래서 다시 생각한다. 한반도의 반쪽이 그렇게 존재하는 한 우리는 진정한 광복을 맞이한 것이 아니다. 우리의 광복은 절반의 광복일 뿐이다. 한반도가 온전히 통일을 이루는 그날 우리는 진정한 광복의 노래를 부를 수 있을 것이다.

제 3부

가을

'종북' 은 대한민국의 업보

"대한민국에 북한정권 추종자가 어디 있습니까? 그게 다 민주세력을 탄압하려는 구실이지요."

필자도 그렇게 믿었다. 대명천지에 제정신을 가진 사람이라면 어떻게 북한정권을 추종한단 말인가. 진보세력들은 과거 군사정권에 맞서서 싸운 사람들이 아닌가. 그런 사람들을 빨갱이로 만들려는 시도가 아직도 계속되고 있는 현실이 한심하구나…

이것이 필자의 순진한 생각이었다. 흔히 진보로 분류되는 사람들, 대한민국 땅에서 독재를 몰아내고 자유민주주의를 실현하겠다는 신념으로 뭉친 사람들 가운데 '종북' 무리들 즉 북한정권 추종자들이 숨어있을 것이라고는 미처 생각을 하지 못했다.

그런 의미에서 '적의 적은 동지' 라는 말은 과연 명언이다. 저 종북 무리들이 전략상 택할 만한 것이었다. 먼저 민주화를 추구하는 진보세력과 손을 잡아 대한민국체제를 변화시킨 뒤 다음 단계로 북한의 야욕대로 대한민국을 적화시키는 것이 그들의 작전이었음이 드러났다.(물론 이것은 현실적으로 가능성이 없는 한반도의 미래모습이다. 그러니, 그들은, 자신이 먹고살기 위해 남측에 불만을 가진 사람들을 대상으로 포장된 이념을 팔아먹는 이념장사꾼 무리라는 생각도 든다.)

김일성, 김정일에 이어 3대에 이르는 세습왕조를 이룬 것에 대해 종북 무리들은 김정은이 대를 이어 통치하고 있는 것보다 그의 능력을 보아야 한다고 주장한다. 가계 때문에 지도자가 될 수 없다면 그것이야말로 역차별이라고 강변한다.

국민들은 굶어죽고 있는데 일 년치의 양식을 쏟아 부어 미사일 놀음을 하는 것하며 핵실험 강성대국 운운에 대해서도 국제정세와 북한의 입장에서 보아야 한다고 말한다. 정권에 방해가 되는 사람이 있으면 그야말로 삼족을 멸하는 연좌제의 공포정치로 수많은 사람들을 수용소에 가두어 굶겨죽이고 때려죽이는 정권, 이 시간에도 중국을 동남아를 떠돌며 공포에 떠는 저 탈북자들을 양산시키는 정권을 보면서도 종북 무리들은 확실한 증거가 없어 인정할 수 없으며 탈북자들은 변절자라고 정죄를 하고 있다.

그런데, 따지고 보면, 이와 같은 종북 무리의 발호는 대한민국의 업보라고 할 수 있다. 한반도의 남측은 정부탄생 이후 독재, 군사정권을 거치면서 정권 안보를 위해 오히려 북측을 이용했다. 이미 밝혀진 여러 사건들에서 보았듯이 이들은 정권에 반대하는 사람들을 잡아다 구타하고 물고문, 전기고문 등으로 간첩 혹은 북한정권의 추종자로 조작해 내는 범죄를 서슴지 않고 저질러왔던 것이다.

그런 이유로, 필자도 처음에는 KAL 폭파사건이 믿어지질 않았었다. 혹시 군사정권에서 위기를 조장하여 정권을 유지하려는 자작극을 벌인 것인지도 모른다는 생각을 했었다. 그 몇 년 전 광주민주화 운동을 북한의 사주를 받은 폭도들의 난동이라고 조작했던 그들이니 충분히 가능성 있는 일이라고 생각했었다. 따라서 김현희가 북쪽 사람이 아닐지도 모른다는 생각까지 했었다. 이와 같은 불신은 참으로 뿌리가 깊었다. 하지만 참여정부의 재조사나 여러 정황을 보니 KAL 사건은 북한의 소행임을 인정하지 않을 수 없었다.

그런데 아직도 김현희는 가짜이며 조작된 것이라 주장하는 무리들이 있다. 아니, 이 표현은 잘 못되었다. 이들은 이 사건의 경위를 알고 있으면서도 턱없는 주장을 펼쳐 이 사건을 일종의 미해결 사건으로 만들려는 의도를 가지고 있는 자들이다. 그래야 북한 정권으로 향한 화살을 남측으로 돌릴 수 있기 때문이다. 참으로 교활한 무리들이다. 비유가 될지 모르겠지만 필자는 이런 것이 바로 '물타기 작전' 이라고 생각한다.

남측에 얼마나 많은 종북 무리들이 있는지는 모르겠다. 하지만 깨닫고 보니 그동안 몇 몇 사건들을 보며 '진보 측에서 이렇게까지 하는 것은 아무래도 조금 심한데?' 하고 느꼈던 것에는 분명 종북의 무리들이 있었음을 알게 되었다. 위의 김현희 사건에 대해 진상을 못 믿겠노라고 선동하는 무리들이 그렇고 맥아더 동상을 부수자는 무리들, 6 · 25는 북한의 남침으로 벌어진 것이 아니며 설사 그렇다고 하더라도 그것은 통일을 위한 결단이었노라고 주장하는 무리들이 그렇다. 아이들에게 균형 있는 시각보다는 무조건 반미를 가르치는 무리들이 또한 그렇다.

종북 무리들은 반드시 척결되어야 한다. 아니, 북한정권은 반드시 무너져야 한다. 그것이 우리 민족의 살길이요 번영을 약속하는 길이다. 그러니 이제 방관만 하지 말고 보통사람인 우리가 나서자. 지난 날 대한민국의 업보를 청산한다는 마음으로 상식을 가진 사람들이 나서야 한다.

극동의 한반도에 정의가 강물처럼 흐르고 소외된 자들이 보호를 받고 인권이 존중되는 그래서 정당하고 존경을 받는 정치가들이 자본가들이 사회를 이끄는 진정한 대의민주주의가 실현되기를 바란다면 이제는 뜻을 함께 하는 우리도 침묵하지 말고 목소리를 내어야 한다.

덧붙이는 글,

진짜가 좋은 것일수록 가짜가 섞여 있게 마련이다. 가짜 다이

아몬드는 있지만 가짜 유리그릇은 없는 것처럼. 필자가 믿는 기독교에 가짜 목사 가짜 기독교인들이 많은 이유도 그 본질은 고귀하고 거룩한 것이어서 그렇다. 그러니 가짜가 염려된다고 다이아몬드를 버릴 수 없지 않은가. 가짜가 싫다고 기독교 진리를 외면한다면 자신만 손해 아닌가. 진정한 평강과 자유함은 예수님 안에 있다.

디지털 시대 '3치' 가 사는 법

먼저 '3치' 의 '치' 에 대한 설명을 해야겠다.

노래 못하는 사람을 '음치' 라고 부르는 것처럼 한 단어의 뒤에 '치' 를 붙여 길을 잘 못 찾는 사람은 '길치' , 자동차며 컴퓨터를 잘 못 다루는 사람은 '기계치' , 그리고 몸이 굳어 춤을 잘 추지도 배우지도 못하는 사람은 '몸치' 라는 식으로 어법과는 상관없이 의미만 만들어낸 일종의 속어라고 할 수 있다.

부끄러운 고백이지만, 필자는 위에서 설명한 네 종류 중 기계치이자 길치요 몸치에 해당이 되는 사람인데 교회에서 성가대는 못하지만 그래도 음치까지는 아닌 것이 그나마 다행이라고 자위하면서 살고 있다.

필자는 진화에 진화를 거듭하고 있는 핸드폰이 두렵다. 요즘 핸드폰은 어떻게 만들어졌는지 계약기간이 끝나는 두 해 정도만 쓰면 배터리 충전에 문제가 생겨 어쩔 수 없이 새 것으로 바꾸어야 하는데 그 때마다 새 기계에 적응하기까지 한 동안을 전전긍긍하며 듣고 다니는 형편이다.

전화란 그저 상대방과 통화를 하고 음성으로 남겨진 메시지나 받으면 만족하겠는데 (약간 고급 기능을 첨부하여 문자 메시지를 보내고 받을 수 있을 정도면 정말 만족하겠는데) 요즘의 핸드폰은 새로 나올 때마다 새로운 기능들을 심어놓고 공부(?)를 강요하고 있으니 편리함은커녕 생각할수록 머리만 아프다.

춤을 추는 것도 그렇다. 취재차 혹은 지인들과의 이런저런 모임에 참석을 하다보면 때로 부부단위로 춤을 추는 시간이 있는데 우아한 동작으로 플로어를 누비고 다니는 커플들을 보면 그저 부럽기만 하다. 그리고 보니 옛날 대학 시절에 친구들과 어울려 서울 명동의 디스코 장에 갔을 때에도 테이블이나 지키며 품고 다니던 원고지 뭉치를 공연히 들추어보던 추억도 있다.

그리고 또 한 가지. 필자는 구제불능의 길치이다. 도무지 길 모양과 주변의 풍경이 머리에 입력이 되질 않는다. 그래서 거리의 이름이나 간판글자들을 가지고 길을 찾기 마련인데 때때로 (아니, 자주) 운전 중에 거리의 이름을 놓치거나 어느 날 간판글씨가 바뀌기라도 하면 여지없이 길을 잃고 만다.

몇 년 동안 거의 매일 다니던 길에서도 글자 표식을 놓치면 어, 내가 지금 제대로 길을 가고 있나? 하면서 당황하게 마련이니 이 정도라면 스스로 생각하기에도 심각한 수준이 아닐 수 없다. 오죽 하면 내비게이션 사용이 필자에게 있어서는 마치 심 봉사가 눈을 뜬 것과 같은 혁명적인 사건이라며 찬가를 불렀을까.

필자의 친구들은 요즘 같은 디지털 시대에 평생 아날로그 형으로 살아가는 것이 딱하면서도 용하다는 말을 하곤 하는데 말이 그렇지 당사자로서는 정말 보통 불편한 것이 아니다.

먹통이 되어 버린 핸드폰을 손에 들고서, 취재 중에 작동이 안 되는 카메라를 바라보다가, 때로는 시간도 없는데 길을 놓쳐 버리고 절망스러운 한숨을 쉰 것이 한두 번이 아니다.

한동안은 이것을 극복해보고자 매사에 신경을 곤두세우고 노력에 노력을 기울여도 보았다. 눈을 똑바로 뜨고 길 모양을 머리에 담으려고 그야말로 고군분투하던 세월도 있었다.

그러다 어느 날부터 포기를 하고 말았다. 그리곤 결심했다. 나는 '3치' 임을 인정하고 이를 극복하려고 애쓰기 보다는 차라리 받아들여야겠다고… 그런데, 그러고 나니, 의외로 마음이 편해졌다.

요즘도 길을 가려면 돌아갈 지도 모른다는 생각에 적당히 일찍 나선다. 핸드폰과 카메라를 들고 씨름을 하느니 적당히 몇 가지 기능만 익히고 있다. 스포츠댄스며 우아한 브루스는 못 추지만 저녁엔 동네를 한 바퀴 도는 걷기운동으로 만족을 한다.

그러면서 다시 생각한다. 적당히 돌아가고, 적당히 포기하고, 적당히 손해 보면서 살아가는 것, 이것이 바로 이 시대의 '3치'가 살아가는 방식이라고. 각박한 현대를 마음으로나마 여유롭게 살아가는 방법이라고…

'세시봉' 그리고 '나가수' 보셨어요?

–평범한 소시민의 일상

미국에 이민 온 뒤 크게 달라진 생활의 하나는 한국 TV 프로그램을 자주 보게 된 것이다.

정작 한국에서 살 때는 거의 TV를 보지 않고 살았는데 막상 이민을 와서는 조국의 소식이 궁금해지는 것은 정말 무슨 변덕인지 모르겠다.

요즘 이민자들은 어떤지 모르겠지만, 1990년대 초반만 해도 흔히 이민을 단행한 사람들 중에는 '이놈의 나라 돌아가는 꼴이 보기 싫어서…' 라고 말하는 이들이 많이 있었다.

솔직히 지금도 애증의 감정이 수시로 교차하는 것이 조국에 대한 필자의 심정이어서, 정치인이며 재벌의 부패 비리사건들이 전해질 때면, 저것 봐, 그러니 이민 잘 왔지, 한국은 아직도 멀었어… 하면서 단정적인 말을 뱉곤 하는데, 그것에 비해 살펴보면 TV 프로그램만은 참으로 진화에 진화를 거듭한 것 같아 놀랍게 여겨질 때가 자주 있다.

아무튼 평일이면 저녁 식사 후에 그저 퍼져 앉아 한국 드라마며 오락 프로그램들을 보는 재미가 제법 쏠쏠하다. 특히 얼마 전, 송창식, 윤형주, 김세환 등 옛날 가수들이 출연한 프로그램을 보면서는 그야말로 잃어버린 청춘이 되돌아 온 듯 깊은 감동을 느끼기도 했다. 요즘 방송되는 '나는 가수다' 라는 프로그램을 통해서는 한국노래의 서정적인 정서에 흠뻑 취해 어떤 '카타르시스' 를 경험하고 있다.

사실, 마음 한 편에서는 '이렇게 시간을 낭비하면 안 되는데…' 하는 반성이 자주 일어나는 데도 이 생활을 끊지 못하고 있다. 끊기는 고사하고, 드라마를 보다가 화장실에라도 갈라치면 옆에서 같이 보는 아내에게 양해도 구하지 않고 화면을 정지시켜놓을 정도로 열심히 본다. 드라마를 보다가 말을 잘 못 알아들은 것 같으면 수시로 되돌려 보기도 한다. 그러다보면 스스로도 겸연쩍어 다시 아내를 바라보며, 동의를 구하듯 말하곤 한다. '그렇지? 진작 이렇게 공부를 했으면 박사가 되어도 되었겠지?'

–애국이 별건가?

따지고 보면 참으로 시시한 이민생활이다. 처음 미국으로 향할 때는 이런 생활을 하게 되리라 짐작도 하지 못했었다. 미국은 기회의 땅이라니 열심히 일하고 그 수입으로 다양한 문화생활을 즐길 것이라 생각을 했었다. 근사한 레스토랑에서 와인을 즐기고 주말이면 영화도 즐기고 여행도 실컷 다니며 살아갈 것이라 생각을 했었다.

그런데 그게 아니었다. 이민의 성공과 실패를 떠나, 돈을 떠나, 미국의 근사한 레스토랑보다는 차라리 한인타운의 식당에서 소주잔을 기울이는 것이 더 편하고, 자막이 없어 잘 해석도 안 되는 미국영화보다는 한국드라마를 다운받아 보는 것이 훨씬 더 즐거우니 어쩌겠는가. 또한 하루에 한 시간 넘게 출퇴근을 하다보니 주말이면 운전도 귀찮아 여행을 떠나기보다 그저 집에 눌러앉아 낮잠이며 오락 프로그램을 즐기는 것이 편하기만 한 것을 어쩌겠는가…

이러한 필자의 모습은, 이 땅에서 살아가는 평범한 이민 일 세대 사내들의 자화상이 아닐까 하는 생각이 들어 조금은 동지적인(?) 위로감을 느끼기도 한다. 처음 출발 때의 그 기개와 용기는 어디로 갔는지 그저 소심하게 안으로만 움츠러들고, 그래도 사내라는 존재감을 버릴 수 없어 '내가 한국에서는 잘 나갔었는데 말이야…' 하고 큰소리도 쳐보며 하루하루를 마감하는 그런 소시민 말이다.

오랜 이민선배이기도 한 도산 안창호 선생은 동포들에게 '오렌지 하나를 정성껏 따는 것도 애국입니다' 라고 가르치셨다. 그러니, 이를 근거로, 필자 역시 이런 합리화(?)를 제안해 본다. 조국의 TV방송 열심히 보는 것도 애국이라고 그것이 바로 살아있는 정신으로 조국을 감시하고 조국의 발전에 동참하는 것이라고…

진보의 부패가 슬프다

필자는 조국의 민주주의가 더 발전하려면 진보진영이 정치세력을 더 얻어야 한다고 생각했다. 진보진영으로의 정권교체까지 바란 것은 아니었고, 다만 보수로 대변되는 기득권층을 영향력 있게 견제할 수 있을 정도로 활성화되기를 희망했다. 그래서 지난 총선 때는 한명숙, 문성근을 지지했고 유시민이 속한 통합진보당도 표를 많이 얻기를 희망했다.

사실은 통합진보당이라고 해서 그 쪽 계열도 통합되었나 여겼었는데 진보신당이라는 것이 있다는 것을 조금 후에 알게 되었다. 하지만 원래 진보 쪽은 한 고집하는 사람들이 모이는 곳이고 분파성이 강한 곳이니 그러려니 했었다.

여기에서, 필자의 어쩔 수 없는 편견도 고백을 해야겠다. 진보를 지지하다보니 그들 계열이 벌이는 웬만한 부패며 타락에 대해서는 이상하게도 관대한 마음이 들었다. 곽노현 서울시 교육감의 후보매수사건이며 '나꼼수' 김용민의 욕설사건 등에 대해서 '이건 아닌데…' 하면서도 그 정도는 봐 줄 수 있다고 생각했었다.

그런데 이번에 통합진보당의 비례대표후보 부정투표 사건을 접하면서 나는 그동안 애써서 지켜온 진보에 대한 애정을 그 환상을 버렸다.

자신들이 마치 4 · 19의, 광주 민주화운동의, 6월 민주항쟁의 계승자 인양 외쳐대는 그들이 벌이고 있는 행위가 너무나 위선적임을 보았기 때문이다. 그들 내부적으로 벌어진 일이라지만 4 · 19의 도화선이 되었던 부정선거를 그대로 재현했다는 것이 기가 막힌다. 당권이라는 기득권을 지키려 폭력과 권모술수를 동원하는 것을 보면서는 환멸마저 느꼈다. '진보의 생명은 도덕성에 있다' 는 말에 헛웃음이 다 나온다.

지난 날 김영삼 김대중 노무현 정권의 핵심들 소위 민주화세력들의 부정부패 사건에 실망했던 기억이 새삼 떠올랐다. 정말 이들이 목숨을 걸고 이루고자 했던 것이 조국의 민주화였나 아니면 정치권력을 잡아 권세와 영화를 누리는 것이었나 회의를 느꼈던 기억이 떠올랐다. 군사정권시절 저기 남산에 끌려가 죽을 만큼 매를 맞고 고문을 당하고 했던 것도 결국은 그런 짓을 하기 위한 것이었나 하면서 개탄을 했던 기억이 새삼스럽게 떠올랐다.

누군가는 한국에는 진보도 보수도 없고 다만 패거리 정치가 있을 뿐이라고 비판적인 말을 했지만 나 역시 나름대로 균형감각을 찾고 보니 이젠 지지할 세력이 사라져 버렸다.

그래서 생각을 하다가, 앞으로는 어떤 세력이나 이념집단에 기대를 걸 것이 아니라 개인 개인의 이력과 삶의 내용에 평가 기준을 두어야겠다는 생각을 하게 되었다.

민주주의는 정당정치라는데 개인사에 초점을 맞추면 계산이 조금 복잡해지긴 하겠지만, 그렇다고 외면을 할 수도 없으니, 정치지도자라는 사람들의 삶의 내용 민주주의를 위해 헌신했던 이력을 지지하는 기준으로 삼기로 했다.

그러고 나니 진보에서 보수로 변절한 사람이라고 젖혀 놓았던 이재오, 김문수 같은 이들에게 기대감이 생긴다. 대기업과 중소기업의 동반성장을 부르짖는 정운찬 같은 이들에게 믿음이 간다.

한국과는 이역만리 떨어진 미국에 앉아서 조국의 정치에 대한 생각을 쓰다 보니 문득 자조적인 한숨이 나온다. '그 곳 일에나 신경 쓰시지…' 하는 비아냥거림도 들려오는 것 같다.

하지만 아무리 부정하려 해도, 저 의식 깊은 곳에, 이 땅은 임시로 머무는 곳 일뿐 언젠가는 돌아가 머리 두고 싶은 고국에 대한 그리움을 품고 사는 사람이라면 더 나아가 해외동포는 한 사람의 민간외교사절이라는 인식으로 사는 사람이라면 이 정도의 관심과 자기주장을 갖는 것이 당연하다는 생각도 든다.

물론 내게는 이 모든 것을 뛰어넘는 등불 같은 말씀이 있다. 이 땅의 기독교인이라면 세상을 위해 세상을 사랑하는 것이 아니라 하나님 나라를 위해 세상을 사랑하는 것이다.

"너희는 이 세대를 본받지 말고 오직 마음을 새롭게 함으로 변화를 받아 하나님의 선하시고 기뻐하시고 온전하신 뜻이 무엇인지 분별하도록 하라 (로마서, 12장 2절)"

맞춤형 행복

내가 오랫동안 인생의 좋은 선배로 생각해온 한 분의 추억담이다. 그는 아버지가 일찍 돌아가셨기에 어머니가 품팔이를 해서 사느라 가난하게만 살았다. 하지만 어머니는 교육열이 남달라 어려운 중에도 그를 고등학교에 진학시켰다. 하루는 소풍을 가는 날이었는데 그날따라 집에 또 양식이 떨어졌다. 그가 "엄마, 그래도 오늘은 소풍날인데…" 하면서 마당에 망연히 서 있는데 방안의 어머니는 내다보지도 않고 한 마디를 던졌다. "사내대장부가 그까짓 점심 한 끼도 해결 못하면 뭐에 쓸꼬." 그 순간, 그는 깨달은 바가 있어 그대로 학교로 달려갔다. "나는 그날 수저만 들고 다니며 이 친구 저 친구에게서 한두 순갈씩 맛있는 것만 배부르게 얻어먹었어요." 그는 이런 어머니 덕분에 훗날 자신의 분야에서 나름대로 이름을 얻을 수가 있었노라고 회상했다. "만약 그 날 어머니가 '애야, 도시락도 못 싸니 소풍은 포기해라' 하면서 미안해하고 서러워하셨더라면 나도 그냥 주저앉았을 거예요. 내가 맨손으로 집을 떠나 고학으로 대학을 마칠 수 있었던 것도 이처럼 어머니가 나를 강하게 훈련시킨 덕분이지요."

여기 다른 한 사람의 사연이 있다. 어느 덧 5년이 다 되어 가는, 2011년 1월, 당시 32세의 작가 최고은이 생활고에 시달리다 굶어죽은 사건이다. 그녀는 명문 한국종합예술학교 출신의 시나리오 작가였다. 재학 중에 단편 '격정소나타' 로 재능을 인정받았지만 졸업 후의 작품들이 아직 인정을 받질 못했다. 그녀가 이웃집 현관에 '창피하지만, 며칠 째 아무 것도 못 먹었어요. 남은 밥이랑 김치가 있으면 저희 집 문 좀 두드려주세요' 메모를 붙여 놓았는데 이것을 본 이웃이 음식을 챙겨 문을 두드리니 이미 죽어있었다고 한다. 이 사연이 알려지자 그녀의 동문들과 예술인들은 그녀의 절박한 사정을 잘 몰랐었다며 눈시울을 붉혔다. 나 역시 그 사연을 대하며 한동안 가슴이 먹먹해졌다. 문득 내 친구인 평론가 권혁준이 오래 전에 쓴 '예술가에게 행복이란 무엇인가. 두보도 말년까지 가난과 병고에 시달렸고, 중섭도 평생 동안 불운했으며, 슈베르트 또한 짧은 생애를 불행하게 살다 갔다' 라는 글이 떠올랐다. 그와 내가 학교 앞 대폿집에서 나누던 이야기도 생각났다. "그러니, 삶과 예술은 각각 다른 사건인지도 몰라."

사람은 누구나 행복을 추구하면서 산다. 인생의 궁극적 목적은 행복에 있다 해도 과언이 아니다. 다만 행복을 추구하는 방법이 행복을 느끼는 조건이 사람마다 차이가 있을 뿐이다. 돈이 행복을 위해 가장 중요하다고 믿는 사람들이 많이 있다. 그런가 하면 명예가 건강이 더 중요하다고 여기는 사람들도 있다. 살다보면 배우자가 혹은 자식이 자신의 행복의 열쇠를 쥐고 있는 사람들도 있다. 사람들과의 관계에 행복을 거는 사람도 있고 자존심에 자신의 외모에 행복을 거는 사람도 있다. 과거 일제식민치하에는 독립에 목숨과 행복을 건 사람도 있었다. 군부독재시절에는 민주주의야 말로 우리 민족에게 진정한 행복을 줄 수 있다 믿고 온몸으로 저항한 사람들도 있었다. 물론 여기에 적은 요인들이 두루 균형 있게 갖추어질 때 온전한 행복을 느끼는 것이지만 사람은 저마다의 성향과 신념에 따라 어느 한두 가지에 더 비중을 두고 행복을 추구한다.

그런데 앞에서는 좀 가볍게 적었는데 돈과 행복의 관계는 다른 요인들보다 훨씬 더 복잡하고 집요하게 얽혀있다. 특히 자본주의 사회에서는 돈의 영향력이 절대적이라 할 수 있다. 행복도 사랑도 아니 모든 것이 돈으로 거래될 수 있다고 여겨진다. 때로는 돈 자체가 목적이 되어 사람을 괴물로 돈의 노예로 만들기도 한다. 하지만 여기에 돈보다 예술에 삶의 목적을 행복을 두고 살아가는 사람들도 있다. 끼니를 굶지 않을 정도의 돈만 있으면 예술적 성취에 행복을 더 느끼며 살아가는 사람들도 있다. 그런 의미로 나는 위의 최고은도 육체의 굶주림보다 아마도 예술에의 갈망이 예술을 통한 세상과의 소통에 실패한 것이 더 큰 고통이었으리라 생각된다. 나는 최고은의 삶과 죽음이 의미가 없었다고는 생각하지 않는다. 인간은 사회적 존재이므로 서로 도와주고 도움을 받으며 더불어 살아가야 한다는 것, 돈만이 인생의 전부가 아님을 최고은은 온몸으로 우리에게 보여준 것이다.

'맞춤형 치료' 라는 말이 있다. 주로 한의사들에게 들었는데, 환자의 증상에 집중하여 치료하는 양방과 비교해 각 환자의 병의 원인을 치료하는 한방의 특성을 말하는 것이다. 이를테면 환자가 두통을 호소하는 경우 양방에서는 두통을 없애주는 약을 주지만 한방에서는 두통의 원인이 혹 위장 장애에 있는지 폐나 신장 등 다른 기관 때문인지 등을 살펴 그 원인을 제거하는 데 초점을 맞추므로 개인별 맞춤형 치료라고 말한다.

기독교인들은 하나님이 성도들 각 개인에게 다양한 소원을 주시고 이를 추구하는 삶을 통해 행복을 누리게 하신다고 믿는다. 돈이면 된다는 획일화된 가치관을 지닌 사람들은 다양함을 차별로 우열로 받아들일 수밖에 없다. 뼈에 찌든 비교의식으로 살아간다. '저 사람도 사는데' '저 사람보다는 낫잖아' 하다못해 100년 전에 온갖 호사를 누렸던 그 어떤 부자도 지금의 가난한 사람보다 많은 것을 누리지 못했다는 식의 비교를 해서라도 위로를 받으려고 한다. 다양성의 긍정은 비교의식이 아니다. 모든 창조물의 존재방식은 다양함과 그의 조화에 있다. 사람이란 나는 나로서, 너는 너로서 각자의 존재 자체로 하나님의 귀중한 창조물이다. 그리고 하나님은 이들의 아름다운 조화를 위해 한 사람 한 사람에게 '맞춤형 능력, 맞춤형 행복'을 주신다.

고상한 취미, 천박한 사람

영화나 TV드라마에 정치인, 재벌회장이 나오면 자주 보이는 장면이 있다. 등장인물은 자신을 알현하기(?) 위해 찾아온 주인공을 세워놓고 정성을 기울여 난(蘭)을 가꾼다. 이윽고 인생사를 달관한 것 같은 한 말씀을(혹은 명령을) 던진다. 그러면 주인공은 공손히 인사를 하며 물러난다. 흔히 볼 수 있는 장면이어서 나는 난 화분을 보면 지체 높은 인물들이 연상 된다. 실제로 저명인사에게 대통령이 난 화분을 보냈다는 것이 뉴스에도 나오곤 하니 이런 생각이 드는 것도 무리는 아닌 것 같다. 그런데 얼마 전 '조폭 영화' 를 하나 보게 되었는데 여기에서도 두목이 난을 가꾸며 부하들에게 일장 연설을 하는 장면이 나오는 것이었다. '조폭에게 난 화분이라니…' 나는 그 언밸런스에 쓴 웃음이 나왔다. 그러다가 문득 마음에 짚이는 것이 있었다. '아, 나도 모르게 난은 지체 높은 인물들에게나 어울리는 것이라는 식의 가짜 이미지에 속고 있었구나.' 나는 영화감독의 조폭과 난 화분 발상에 고개가 끄덕여졌다.

세상을 살자면 이런저런 서류에 자신의 신상을 적어야 할 때가 있다. 출생지와 생년월일을 비롯해 학력이나 종교, 취미 등을 써야 할 경우도 있다. 나는 취미 난에 '독서' 라고 적는다. 어릴 때부터 청년 시절을 거쳐 지금까지도 손에서 책을 놓지 않고 있으니 당연한 것인데 사실 나는 오랫동안 음악감상이나 등산(마음만 있으면서) 등 다른 것을 기록했었다. 만만한(?) 서류에는 '취미 없음' 이라고 적기도 했다. 성의가 없어서가 아니라 그것이 오히려 솔직한 기록이었다. 중고등학생 시절 선생님들로부터 '독서는 취미가 아니라 생활이다' '독서는 삶의 일부이다' 말씀을 들은 것이 마음에 각인되었기에 인쇄된 것이면 무엇이든 읽는(읽어대는) 분명한 취미가 있음에도 '아, 나는 별다른 취미가 없는 사람이야' 하면서 적잖이 고민도(?) 했었다. 그래서 한동안은 바둑, 낚시에 취미를 두려 했던 적도 있다.

바둑이라면 장비가 따로 필요한 것도 아니고 주위에도 좋아하는 사람들이 더러 있으니 배우는 데 별 어려움이 없었다. 더구나 바둑은 인생의 축소판이니 바둑을 깊이 알수록 인생사도 알게 된다는 식의 찬사도 많이 들었으니 꼭 배우고 싶었다. 나는 친구들과 책을 통해 '중앙으로 뻗는 수에 악수 없다' '내가 먼저 산 후에 남을 쳐라' 등을 배웠고 수준을 높이고자 드디어 동네 기원으로 진출(?)했다. 그런데 얼마 지나지 않아 회의가 몰려왔다. 소위 고수라는 사람들이 돈내기 바둑을 두며 (때로는 사기 바둑을 두며) 싸우는 것을 보곤 '바둑과 인생 좋아하네' 하면서 바둑 자체에 대해 냉소적이 되고 말았다.

그리고 낚시의 경우, 선배나 친구들에게 부탁하면 낚시장비도 빌려주고 한두 번이야 데리고 가서 가르쳐도 주었지만 본격적으로 취미삼자니 투자가 필요했다. 그래서 낚시취미란 학생 시절의 내게는 하나의 로망이었다. 나중에 취직을 하면 먼저 낚시장비를 구입해야지 결심을 하고 있었다. 옛날 세월을 낚았다는 강태공의 이야기에서부터 그럴듯한 인물들의 낚시에 관련된 일화를 꽤 들었기에 나로서는 낚시를 좋아하는 사람들은 인격이 훌륭한 사람이라는 생각을 가지고 있었다. 그런데 취직을 한 후엔 정작 낚시에 입문도 하기 전에 나는 포기를 하고 말았다. 당시 직장 상사 중에는 낚시를 정말 좋아하는 양반이 있었는데 매일 술타령인 데다 주말이면 낚시터로 달려가니 듣자니 가정불화가 심하다고 했다. 자기 업무와 연결된 업자들과의 뒷거래도 정도를 넘어 말들이 많았다. 상사에게는 '입안의 혀' 같고 부하에게는 폭군과 같은 인물이었다. '흥, 낚시와 인격 수양은 다 헛말이야' 내가 낚시장비를 사려 모았던 돈을 친구와 함께 다 술을 마셔버린 이유였다.

사람은 한정된 경험으로 인한 편견으로 사는 것인지도 모르겠다. 청소년 시절 심야방송을 통해 팝송을 들으며 자란 탓에 나는 소위 '뽕짝' 을 즐겨듣는 사람들을 저급하다고 여겼었다. 연극을 보는 것은 고상하지만 TV 드라마를 즐겨보는 사람들은 천박하다고 여겼었다. 그런데 살아보니 고상한 취미, 저급한 취미가 따로 있는 것이 아니라 개인의 수준과 성향의 차이임을 알게 되었다. 다른 사람을 볼 필요도 없다. 평생 책을 읽었고 클래식 음악만 좋아한 내가 인격을 갖추기는커녕 우리 누나의 말대로 쥐뿔도 없으면서 자존심만 살아있는 것을 보아도 알 수 있는 일이다. 그러니 무슨 취미면 어떤가. 주위를 불편하게 하거나 해를 끼치지만 말고 그것을 통해 자신의 삶의 즐거움과 여유로움을 얻을 수 있으면 되는 것 아닌가. 취미가 사람을 만드는 것이 아니라 사람이 취미를 만드는 것이다.

세월이 흘러 위의 추억들은 그야말로 '희미한 옛사랑의 그림자' 가 되었다. 다만 왠지 억울하다는 생각이 남아있다. 숲을 보지 못하고 나무만 보았다는 후회도 있다. 지금의 나는 무언가에 대해 판단을 하거나 평가를 내려야 할 때 그리고 그것을 바탕으로 결정을 해야 할 때에는 먼저 사람을 보기보다 그 자체를 보려고 한다. 주위에 조언을 해주어야 할 경우에도 매사에 현상을 보기보다 본질을 보라고 말을 한다. 또한 요즘은 이를 전도에도 적용한다. 부끄러운 나의 모습을 교회에 다니는 사람들의 모습을 보지 말고 예수님의 삶, 성경의 메시지 그 자체에 관심을 가져보라고 오늘도 소중한 만남의 기회를 얻는 이들에게 권하고 있다.

먹고 사는 일에 목이 매여

흔히 가난은 죄도 부끄러움도 아니요 단지 불편함일 뿐이라고 말을 한다. 나 역시 넓은 안목으로는 이 말에 동의한다. 세상에는 키가 큰 사람 작은 사람, 뚱뚱한 사람 마른 사람이 있다. 사교성이 많은 사람이 있는가 하면 내성적인 사람이 있고, 건강한 사람 허약한 사람도 있다. 돈의 경우도 많이 있는 사람과 적게 있는 사람이 있다. 이런 것들은 후천적인 환경적인 영향도 있지만 대개 운명적으로 성별이 된다고 여겨진다.

그런데 처자식이 있는 한 가장으로서 부자는 운명적으로 타고났네 가난은 단지 불편한 것일 뿐이네 말을 한다는 것이 낯간지럽게 느껴진다. 처자식이 살아가는 데 최고는 아니더라도 남들만큼은 벌어다주어야 가장으로서의 체면도 자존심도 지킬 수 있기에 하는 말이다. 그래서 이 땅의 사내들이 자주 하는 말이 있다. '해도 해도 모자라기만 하니 처자식 앞에선 가난한 게 죄야.'

돌아보면 힘든 이민의 삶이다. 일부 성공을 거둔 이들도 있지만 너 나 없이 먹고 사는 일에 목이 매여 다른 것은 돌아볼 틈도 없다고 말을 한다. 이민 가방을 들고 떠나올 때는 그래도 꿈이 많았는데 돈을 좀 벌어 가족들과 여행도 즐기리라 생각했었는데 한국에 비해 차별 없는 사회에서 스트레스 없이 살 줄 알았는데 (영어는 살다보면 저절로 될 줄 알았고…) 그런데 현실은 매달 날아오는 빌(bill)에 눌려 빌빌하며 살아간다고 한숨들이다.

사실 가족들과 여행을 자주 못가는 것이나 한국에 있는 일가친척들의 대소사에 참석하지 못하는 것은 참을 수 있다. 하지만 먹고 사는 일에 목을 매다 보니 심리적으로 더 위축이 될 뿐만 아니라 좁은 동포사회에서 피할 수 없는 비교의식도 자존심의 상처도 문제이다. 상부상조할 수 있는 일가며 친구도 없는 이민 환경에 놓이다 보니 혹시 지금의 형편보다 더 떨어지면 정말 막장이라는 위기의식에 항상 마음의 긴장을 느끼는 것도 큰 문제이다.

세월이 흐르고 이민의 연륜도 깊어지면서 변해버린 내 자신의 모습을 반성적으로 되돌아보곤 한다. 환경을 핑계로 더 이기적이고 폐쇄적이 되어버린 내 자신을 한숨을 쉬며 바라본다. 과도한 이익을 탐하진 않겠지만 결코 손해도 보지 않겠다며 쩨쩨해진 나의 자화상을 마주한다. 말 그대로 '꼴을 못 보던' 나의 성격이 나이를 먹으며 다소나마 누그러졌다면 그 '꼴'에서 바로 내 자신의 모습을 발견했기 때문인지도 모르겠다.

평소 친하게 지내는 한 선배가 있다. 그는 한국에서 흔히 말하는 엘리트 코스를 걷다가 처자식을 생각해 이민을 단행한 전형적인 한인 이민자이다. 선배를 만나면 피차 국가 일을 하던 사람으로서 느끼던 사명감과 자부심에 대해 회상을 하곤 한다. 개인의 성취보다 가족의 삶을 고려해 이민 온 것이 좋은 결심이었다며 안도감을 말하기도 하지만 어쩔 수 없이 마음속에 간직되어 있는 한자락 미련과 회한에 대해서도 말을 하곤 한다. 한 마디로 선배와 나는 국가며 민족이라는 거창한 대의보다도 한 사내로서의 사회적 성취욕구보다도 가족들과의 소박한 삶을 선택한 평범한 한 이민 가장이라는 동질감이 있다.

얼마 전 선배부부와 함께 식사를 했다. 우리는 서울 신설동에 위치한 중고등학교에 다니던 풋풋한 시절의 추억을 이야기했다. 피차 이민의 세월이 만만치 않은 만큼 남달리 겪은 일들도 많으니 이야깃거리도 많기만 했다. 그러다가 선배의 부인이 말했다.
"우리 애들 아빠는 이제 좀 쉬어도 돼요. 이민 와서는 자신보다도 오직 처자식을 위해 열심히 일을 했으니까요."
이 말을 듣자니 선배야말로 성공한 인생이라는 생각이 들었다. 무슨 그리 큰일을 한다고 밖으로 나돌기만 하다가 나중에 처자식에게 대우도 못 받는 사내들이 많기만 한 세상인데 이처럼 가장 가까운 사람인 아내에게 인정을 받고 있으니 이것이야 말로 진정한 성공이 아니겠는가.

그 저녁, 선배부부와 헤어져 집으로 돌아오는데 나 자신도 마음이 훈훈해짐을 느꼈다. 근본적으로 나 역시 비슷한 길을 걸은 것 아니었을까. 아니, 나뿐 아니라 이 땅에 이민 와 답답하고 쩨쩨한 삶을 살아온 많은 가장들은 거의 비슷한 길을 걸었을 것이다. (한국의 친구들은 아이들 운전이나 해주며 마켓의 커트나 밀며 가족 중심의 삶을 사는 이 땅의 사내들의 삶을 답답하고 쩨쩨하게 여기는 경향이 있다.) 그러니 자기위안이라 말해도 좋다. 오직 처자식을 위해 (특히 자식들의 미래를 위해) 언어도 문화도 정서도 낯선 이역만리 타국으로 이민 와 먹고 사는 일에 목이 매여 제대로 누리지도 못하고 살아온, 사회적 성취도 이루지 못한 한 사람 한 사람 한인 가장들이야 말로 누가 뭐라 해도 가치 있는 성공의 한 삶을 살아낸 승리자들이다.

감정과 진실

영화며 드라마에 자주 등장하는 소재이다. 한 남자가 한 여자를 좋아한다. 그는 그녀의 주위로 다가가 관심을 끌기 위해 이런 저런 시도를 한다. 여자에게 도움이 필요할 때 적절한 도움을 주기도 하고 의도적으로 사소한 부탁을 한 뒤엔 큰 보상을 하기도 한다. 뜻밖의 선물을 줌으로써 그녀를 놀라게 하는가 하면 때로는 냉담한 척 쌀쌀한 모습을 보이기도 한다. 하지만 그녀는 요지부동이다. 드디어 남자는 이렇게 고백을 한다. "당신을 향한 내 마음을 더 이상 숨기고 싶지 않아. 이제 내 감정에 충실하고 싶어."

내 감정에 충실하고 싶어. 사람의 마음에 묘한 울림을 준다. 특히 충실이라는 단어가 이 말에 진정성을 부여하여 감정에 충실한 것은 진실한 것이고 감정을 거부하는 것은 거짓과 같은 것이라 마음에 새겨진다. 물론 좋은 사람끼리 사랑의 감정을 가꾸며 서로에게 충실한 것은 아름다운 일이다. 그런데 이 말은 사람이란 이런 저런 감정 자체에 충실해야 한다는 식으로 인식되는 데 그 함정이 있다.

오래 전 고등학생 시절 윤리시간에 선생님이 제시한 맹자의 성선설과 순자의 성악설을 놓고 급우들 간에 토론이 벌어졌을 때 더 많은 숫자가 성선설에 찬성을 했던 것은, 대학에서 배운 일반의미론으로 설명을 하자면, 악이라는 단어보다는 선이라는 단어 자체가 마음에 편하고 좋기 때문이다. 사람의 감정은 좋은 게 좋다는 식으로 반응을 하는 법이다.

내 감정에 충실하고 싶어. 이 주문으로 인해 나 역시 살아가면서 자주 마음의 갈등을 겪었다. 사람의 감정처럼 즉흥적이고 무조건적이며 무책임한 것이 없는데도 이렇게 저렇게 따져보는 것은 솔직하지 못한 태도라는 왜곡된 의식으로 마음이 무거웠다. 요즘에도 '방황은 젊음의 특권' 이라는 식의 발언을 함부로 늘어놓는 소위 명사들의 강연, 수필 때문에 많은 젊은이들이 청춘을 낭비하고 있는 것처럼… 아마도 내가 글 쓰는 사람이 된 이유 중에는 이런 식의 잘못 전달되어지는 언어의 의미에 대한 각성도 있었을 것이다.

성경의 한 장면이다. 예수님의 제자들이 어느 날 무슨 사정인지 손을 씻지 않고 떡을 먹었다. 그 모습을 보고 비판을 하는 소위 지도자들에게 예수님은 사람의 안으로 들어가는 것이 사람을 더럽히는 것이 아니라 사람의 안에서 나오는 것이 사람을 더럽힌다고 말씀하신다. 그리곤 사람의 안(마음)에서 나오는 것은 악한 생각들뿐이라고 지적하신다. (마가복음 7장)

예수님의 이 말씀이 내게도 한 깨달음을 주었다. 매사를 대할 때 첫 생각 첫 이미지에 의한 감정은 안에서 나오는 것으로 그리 믿을 것이 못 된다. 그러니 관심도 애정도 감정에 충실할 것이 아니라 한 단계 숙고를 거친 이성에 따라야(충실해야) 한다는 배움을 새삼스럽게 다시 얻었다.

천성이 가볍다보니 지금도 나는 매사에 일희일비하면서 산다. 남들이 해주는 조그만 칭찬에도 우쭐해지고 충고나 비난을 받으면 금세 슬픔을 느낀다. 사는 형편이 늘 빠듯하다보니 조그만 자극에도 덜컥 걱정을 느끼고 무엇보다 사람들의 눈을 의식하게 된다. 하지만 감정과 진실의 메커니즘을 깨닫고 난 후로는 이런 것들이 마음에 그리 오래 머물지는 않는다. 큰 슬픔을 느낄수록 역설적으로 더 큰 위로가 온다. 나의 안에서 나오는 감정이 아닌 안으로 흘러들어오는 진정한 사랑을 느낀다. 상황을 환경을 넘어서는 마음의 평화가 있다. 모순투성이 나의 사랑이 아닌 예수님의 사랑, 그 진리가 나의 삶의 처음이었으며 마지막임을 나는 안다.

사랑하는 방법

사람이 사람을 사랑하는 것은 거의 자연발생적인 마음이다. 하지만 사랑하는 방법은 배울 필요가 있다. 방법론은 자연스러움에 역행되는 것이며 이심전심의 깊음도 있다고? 모든 세상사에는 양면성이 있듯이 이 말에도 나는 동의한다.

그런데 사람이 마땅히 받아야 할 사랑을 받지 못하는 것 혹은 사랑을 느끼지 못하는 것보다 슬픈 일은 없다. 특히 어린 시절의 사랑의 결핍에 대한 기억은 평생을 따라다니며 마음의 상처로 작용한다. 물론 학대 받은 어린 시절의 아픔을 극복하고 더 큰 사랑으로 주위를 보듬는 사람들도 있지만 더 많은 사람들이 정서적으로 안정되지 못하고 자신과 주위를 괴롭히며 살아가는 것을 볼 수 있다. 자기 자신을 포함해 아무도 사랑할 수 없는 사람이 되고 마는 것이다.

한국 현대문학사에 길이 남을 '이상'의 대표소설 '날개'를 보면 실업자인 주인공은 술을 팔고 몸을 파는 아내에게 얹혀 산다. 그러다보니 먼저 회의하는 것이 부부관계란 무엇인가, 사랑이란 정말 있는 것인가 하는 문제였다. (사실 나는 이 작품을 읽으며 사랑을 하려면 자격이 필요하다는 것을 깨달았다. 아내는 비참한 모양으로 돈을 버는데 남편이란 자는 사랑이 있네 없네 타령이나 하고 있는 것을 보며 소위 식자들의 허황됨과 무력함을 보는 것 같았다.)

철학이란 의심할 필요가 없는 것을 의심함으로써 시작된다. 그런 의미에서, 진실한 사랑이란 가능한 것인가 하는 명제로 고민을 하다가 이기적 사랑 이타적 사랑, 에로스 플라토닉 아가페 사랑 등으로 구분해놓은 철학자며 시인들이란 어쩌면 플라톤이 그의 저서 '이상 국가' 에서 주장한대로 별 쓸모가 없는 존재들인지도 모른다.

멀리 돌아가지 말고 내 이야기를 하자. 돌아가신 부모님께는 죄송한 마음이지만 나는 부모님의 사랑을 (거의) 못 느끼고 자랐다. 아버지는 인색하고 무서웠으며 어머니는 늘 바빴다. 거기다가 자식들을 칭찬하는 기준이 높았다. 특히 공부의 경우에는 반에서 10등 밖으로 떨어지는 것을 용납하지 않았다. 다섯 자녀 중 맏이인 누나와 둘째이자 외아들인 나에겐 기준이 더 높았다. 그러니 나름 머리가 커지면서의 반항은 어쩌면 예상이 되었던 순서가 아니었을까. 중학교 시절까지는 부모님의 요구대로 5등 안을 유지하던 나는 고등학생이 되자마자 거의 바닥수준으로 성적이 떨어졌다. 부모님의 실망하는 모습에서 오히려 통쾌함을 느꼈으니 참으로 잘못된 반항이었다. 공부를 잘해야만 자식으로 인정하는 건가요… 어머니에게 대들던 것을 생각하면 지금도 부끄러워 고개가 숙여진다.

밥만 먹여주면 되지 뭐가 더 필요해. 일제 식민시대에 태어나 가난을 온몸으로 겪었고 6 · 25 전쟁에 참여하느라 공부를 포기해야 했던 아버지가 방황하는 아들에게 던지던 이 말씀을 나는 한참 후에야 이해할 수 있었다. 의류공장으로 장사로 바쁜 중에도 손에서 책을 놓지 않던 어머니가 자식들의 공부에 집착하는 이유도 정말 세월이 한참 흐른 후에야 이해할 수가 있었다.

그렇더라도 우리 부모와 나의 사례를 보면 사랑은 적절히 표현해야 하며 그 방법 역시 배워야 함을 다시금 느낀다. 어린 시절 받은 부모의 사랑을 기반으로 형제에 대해 친구에 대해 더 나아가 이웃에 대해 사랑을 확대시켜나갈 수 있게 된다고 나는 생각한다. 그러니 부모의 사랑이라는 첫 단추가 잘못 채워지면 얼마나 힘든 인생이 되겠는가. 솔직히 부모의 사랑을 못 느끼며 자랐기에 내게도 일면 냉정한 점이 있는 것 같다. 우리 아이들이 자랄 때 흔히 하는 어리광도 나는 잘 받아들이질 못했다. 그런 것은 버릇이 없는 짓이라며 나무라고 훈계하던 기억이 있다. 아마도 내가 부모님께 그렇게 해보질 못했기 때문일 것이다.

몇 해 전 우리 잡지의 특집을 위해 초등학교에 다니는 한인동포 자녀들 오십 명을 인터뷰 한 적이 있다. 뜻 밖에도 평소 부모로부터 사랑한다는 말을 듣는 아이들보다 못 듣는다는 아이들이 훨씬 많았다. 오, 젊은 부모들도 그렇구나, 미국에 살고 있는데도. 나로서는 놀라운 발견이었다. 그런데 더 놀라운 것은 아이들의 반응이었다. 아빠 엄마가 비록 사랑한다는 말은 하지 않지만 자기를 사랑한다는 것을 잘 알고 있단다. 이 글의 앞에 내가 한국인들의 이심전심의 깊음을 적은 이유이다. 아이들은 또한 말했다. 부모로부터 사랑한다는 말을 자주 듣고 싶다고… 우리들이 또한 사랑하는 방법을 배워야 할 이유이다.

한국 TV를 보며

미국에 이민 와서 오히려 한국영화며 TV드라마를 즐겨보게 되었으니 무슨 조화인지 모르겠다. 토요일이면 늦잠을 자고 일어나 브런치를 먹은 뒤 침대에 기대어 한국영화나 TV프로그램을 보곤 하는데 그런 재미가 제법 쏠쏠하다. 예전에 TV드라마를 끼고 앉아 있던 누나며 여동생들을 한심스럽게(?) 여기던 것이 미안한 마음이다. 정말 남들 사는 모양 함부로 흉볼 것 아니라던 어머니의 말씀이 세월이 갈수록 실감이 난다. (요즘은 드라마를 보다가 스르르 잠도 곧잘 잔다.)

한국에 있을 때는 TV라면 저녁 9시 뉴스만 주로 보았다. 회사며 집에서 신문들을 끼고 살면서도 일과처럼 보았으니 정말 뉴스에 왜 그렇게 목을 맸었는지 모르겠다. 지금 와서 스스로 해답을 찾자면, 뉴스를 보지 않으면 세상 정보에 어두워 무슨 손해나 낭패를 당할 것 같은 그런 기분이 아니었던가 싶다. 그런데 미국에 와서는 신문도 TV뉴스도 거의 보지 않고 살게 되었는데 이

것도 습관이 되다보니 답답함도 없고 무언가 손해 볼 것 같은 불안감도 없다. 물론 요즘에는 책상에 앉으면 인터넷을 통해 잠깐잠깐 세계의 뉴스들을 실시간 접하고 있으니 따로 챙겨볼 필요를 느끼지 못하는 점도 있긴 하다.

한국의 친구들이 다소 불쾌하다는 반응을 보이기도 했지만 모처럼 한국에 나가면 나는 이렇게 말을 하곤 했다.

"한국은 전반적으로 불안정하잖아. 정치 경제 사회가 다 불안정하니 뉴스에 귀를 기울이고 살 밖에… 뉴스를 모르면 마치 어두운 길을 걷는 것 같고 가다가 함정에라도 빠질 것 같은 그런 불안감 때문에 뉴스를 끼고 살았던 것 같아. 하지만 미국은 안정이 되었잖아. 그냥 평탄한 길에 나를 맡기고 걸어가면 되거든. 적어도 불쑥 나타날 함정 같은 것에 대한 불안감은 없어. 그렇다보니 뉴스도 잘 안 보게 된 것 같아."

한국 TV에 대해 말을 한다는 것이 어째 이민예찬으로 흐른 것 같은데 정작 내가 하고 싶은 말은 그 반대로 한국의 괄목할 발전에 대한 소회이다. 내가 이민을 떠나 올 때만 해도 주위의 사람들은 풍요한 선진국으로 가는 것을 부러워했었다. 그러던 것이 언젠가부터 한국을 방문하면 '미국의 조선족 왔네' 라며 친구들은 농담 반 안부의 말을 던지곤 한다. 요즘은 동포들끼리도 '한국이 저렇게 잘 살게 된 것을 보면 괜히 이민을 왔다는 생각이 들어' 라는 말을 곧잘 나누기에 이르렀으니 (이 말은 반쯤 만 진심이다) 정말이지 한국의 경제가 문화가(특히 영상문화가) 오늘날처럼 발달이 될 줄은 누구도 짐작을 하지 못했었다.

한국 TV를 볼 때마다 나로서는 정말 친해지지 않는 프로그램이 있다. 바로 코미디 프로그램이 그것이다. 예전의 '웃으면 복이 와요' 로부터 '개그 콘서트' 등에 이르기까지 나는 코미디 프로그램을 한 번도 끝까지 본 적이 없다. '봉숭아 학당' 이라는 것이 인기를 끈다기에 애써서(?) 몇 번 보다가 돌려버린 기억이 있다. 요즘도 화제를 모으는 코너들이 있으면 일부러 찾아보곤 하는데 정말이지 쓴웃음만 짓다가 돌려버리게 된다. 오, 재미있게 보았던 것이 있긴 있구나. 오래 전 '블랑카의 뭡니까 이게' 라는 코너가 있었다. 한국에 취업한 외국인 노동자로 분장한 개그맨이 이런 저런 에피소드를 말하는 시사풍자 코너를 흥미 있게 본 기억이 있다.

'취미에는 논쟁의 여지가 없다' 는 격언도 있듯이 누구는 코미디를 더 좋아하고 누구는 스포츠중계를 혹은 드라마를 더 좋아한다고 뭐라 할 것도 없다. 그런데 나로서는 많은 이들이 즐겨본다는 프로그램을 보며 함께 웃지 못하는 자신이 한편으로는 딱하다. 나는 여행에도 취미가 없고 스포츠라면 구경하는 것도 직접 하는 것도 별로 좋아하지 않는다. 큰 집이며 좋은 차에 대한 애착도 없다. 맛있게 음식을 즐기는 편도 아니고 좋은 옷, 시계 등에도 별 관심이 없다.

이렇게 쓰다 보니 마치 내가 삶에 초연한 사람 같은데 실상은 그렇지도 않다. 살면서 이래저래 지출도 늘어나니 항상 걱정을 하면서 산다. 늘 모자라는 삶을 살다보니 작은 충격에도 마음에 분노를 느끼게 된다. 초라한 존재감을 느끼며 슬픔에 잠길 때도 있다. 하지만 이러한 감정들은 그야말로 감정일 뿐 그리 오래가지는 않는다. 웃음을 위해 연출된 장면들을 보며 오히려 어떤 외로움을 느끼듯이 세상적인 가치관보다도 영적 성장에 관심이 더 많은 것이 내게 역설적으로 삶에의 안정감과 긍정적인 인식을 태도를 준다.

한국영화며 TV드라마를 보는 한편 내가 샌디에고에 살고 있기에 누리는 한 가지 호사가 있다. 토요일이나 휴일 오후에 아내와 함께 집에서 5 분이면 닿는 바닷가 토리파인의 모래사장에 앉아 스타벅스 커피를 마시며 책을 읽곤 한다. 간간이 바다를 바라보려면 소설보다는 시집이나 수필집이 제격이다. 매일 아침 성경을 읽으며 하루를 시작하는 것과 함께 인쇄된 책이면 무엇이든 읽는 것이(읽어대는 것이) 나의 유일한 취미라면 취미이다.

개인과 단체

개인으로는 선할지 모르나 단체는 악하다. 오래 전에 이런 요지의 글을 읽은 적이 있다. 나는 이 말에 대체로 동의한다. 단체란 사전적인 뜻으로도 '같은 목적을 위해 모인 무리'라 정의하고 있으니 사람의 목적에 의도에 선한 것이 어디 있겠나 하는 회의가 앞서기 때문이다. 더구나 목적을 달성하기 위해서라는 명분으로 단체가 악해지는 모습을 많이도 보아왔다. 봉사를 위해 혹은 수도를 목적으로 조직된 단체도 있지 않느냐는 반문이 나올 수도 있다. 하지만 아무리 선한 목적을 표방한다 해도 단체란 탄생 순간부터 인간의 본성인 자기중심성이 첨예하게 부딪치는 속성을 지닌다. 즉 헤게모니(주도권) 싸움에 빠질 수밖에 없는 것이다. 그렇다 해도, 사람은 단체를 이루어 살 수 밖에 없고 예수님도 교회를 통한 개인의 구원을 말씀하셨으니 나로서는 위와 같이 대체로 동의라는 의견을 내놓게 되었다.

1980년대 번역되어 운동권 청년들에게 필독서처럼 읽혔던

'님 웨일즈' 의 '아리랑' 이라는 책이 있다. 당시의 청춘들이 속절없이 흠모하며 빠져들었던 시인이자 혁명가이며 독립운동가, 아나키스트였던 김 산의 삶을 소개한 책인데, 여기에서 김 산은 결혼이란 한 남성과 여성이 헤게모니 싸움을 벌이는 곳이므로 자신은 독립운동에 집중하기 위해 결혼을 포기했다는 말을 하고 있다. 결혼과 가정을 왜곡시키는 말이라는 지적도 있었지만 그야말로 단체라는 것의 속성을 꿰뚫은 발언으로 여겨져 많은 청년들은 여기에 밑줄을 그었다. (돌아보면 일제 치하의 한반도에는 김 산과 같은 아나키스트 즉 무정부주의자들이 더러 등장하는데 조국 독립의 희망은 보이지 않고 식민지배가 더욱 강화되자 일부 지식인들을 중심으로 허무주의를 극복하는 방안의 하나로 택해졌던 시대의 산물이라고 여겨진다. 여기에서는 한 아나키스트의 결혼관 즉 단체에 대한 생각이 그럴듯해 소개했다.)

개인과 단체를 생각할 때면 나는 자주 두 개의 단체를 떠올리게 된다. 하나는 문인들의 단체요 또 하나는 목회자들의 단체이다. 두 직업 세계의 거리가 먼만큼 두 단체 또한 극명하게 다른 모습을 보이는 경우가 자주 있다. 한 가지 공통점은 목회자들이나 문인들 중에는 직업이라는 말에 민감한 반응을 보이는 이들이 많다는 것이다. 하늘이(운명이) 정해준 소명이라는 것이다.

문인들 중에는 자유분방한 사람들이 많이 있다. 이들의 세계에선 예술적인 완성과 개인의 삶의 모습이 별개인 것처럼 취급된다. 그래서 개인적인 취향인 술에 얽힌 이야기들이나 심지어 부적절한(?) 연애담들이 별 허물없이 회자되기도 한다. 말 그대로 생활의 규범이나 도덕을 예사로 어기는 이들이 있고 사람들도 그러려니 받아들이는 분위기이다. 그런데 이런 모습의 문인들도 단체에 나가면 참 점잖아지는 것을 볼 수 있다. 모처럼 문인들의 단체에 가보면 평소에는 잘 하지도 않던 양복과 넥타이를 매고 앉아 대화도 부드럽게 잘 한다. 창작론이 예술론이 달라 지면상으론 치열한 논쟁을 벌였어도 마주 앉으면 글 쓰는 동지라는 연대의식, 상대에 대한 연민으로 곧잘 하나가 된다.

그러면 목회자들은 어떤가. 개인적으로는 인격적이며 사랑이 넘치고 삶에 모범을 보이는 분들이 많은 것 같다. 그런데 자신들의 단체에 나가 하는 일들을 보면 고개가 흔들어질 때가 자주 있다. 사안에 따라 계파가 갈리고 이전투구를 벌이곤 한다. 나는 한국의 감리교회에서 세례를 받았다. 감리교단은 장로교단에 비해 개혁적이며 분파의식이 별로 없다고 생각했었다. 그런데 오늘날 감리교단이 벌이는 추태를 보면 창피하기 그지없다. 5년 동안 대표인 감독조차 제대로 뽑지 못하고 있다. 상대에 대한 원색적인 비난이 난무하고 해마다 법정싸움으로 이어지고 있다. 얼마 전엔 감독 선거에 나서려면 8억 원은 기본이라는 증언이 나오자 서로 뻔히 알고 있는 사안이면서도 손바닥으로 하늘을 가리고 서로를 탓하며 들끓기도 했다.

위에 적은 것은 어느 일면의 모습이지만 문인들과 목회자들의 개인과 단체에 대한 인식 혹은 현상이 정말 대조적이어서 비교해보았다. 어떤 이는 목회자들은 평소 개인적으로 억제하고 절제하면서 지내다 단체에 나오면 익명성에 숨어 마음껏 본성을 발산하는 것이며 문인들은 평소 자유로운 영혼으로 지내다보니 단체의식도 희박한데 그래도 일단 단체에 나오면 전체의 체면을 생각하는 것 아닐까 하는 분석도 내놓았다.

목회자들이나 문인들은 공인의식을 가지고 살 수 밖에 없다. 그런데 살아가면서 얼마나 개인적이 되어야 하는지 혹은 단체적(?)이 되어야하는 지는 각자의 취향과 신념으로 이루어질 일이다. 나의 경우 위에 적은 것과 연관하여 70퍼센트는 나 홀로 개인, 30퍼센트는 단체 인으로 살고 싶다. 이러한 수치 역시 주관적인 계산에서 나온 것으로 한계가 불분명 하지만 '삶과 예술은 별개의 사건이다' 는 예술론에 반대하여 '예술가이기 전에 사람이 되어야 한다' 는 비예술적 목소리, 소박한 예술론에 더욱 찬성하기에 이런 생각들을 해보았다.

아버지 아버지

나이를 먹어가면서 아버지 생각이 자주 난다. 지난 1995년에 훌쩍 미국으로 떠나온 뒤 이삼 년에 한번 한국을 방문하면 하루나 이틀 아버지를 뵙는 것이 고작이었고, 그러던 중 6년 전에 돌아가셨으니 아버지와 헤어져 살아온 세월도 길다 하면 긴 셈인데 웬일인지 요즘 따라 아버지 생각을 자주 하게 된다. 고백을 하자면, 아버지에 대한 나의 태도는 나이 27세를 전후로 극명하게 바뀌어버린다. 그 전에는 아버지를 어려워했으므로 말대답 같은 것은 생각도 못했고 늘 고분고분 했었다. 하지만 그 후로는 아버지 앞에서 당당하게 행동했고 때론 아버지의 말씀도 무시해버리곤 했다.

이런 식이었다. 광주민주화 운동이 일어났을 때 하루는 식구들이 둘러앉은 밥상에서 아버지는 북한의 간첩들이 사주해 폭동이 일어났다며 한심해 했다. 하지만 나는 전두환의 언론조작에 대해선 한 마디 말도 못하고 그저 숟가락만 들고 있었다. 한편 아버지는 내게 등록금을 줄 때마다 '국문과에서 배우는 시가 밥을 먹여주겠냐' '나는 네 나이 때 부모를 모셨다' 못마땅해 했는데 나는 죄라도 지은 양 고개를 숙여야 했다.

그러던 것이 27세가 되어 나도 밥벌이를 시작하자 상황은 급변했다. 또한 이런 식이었다. 아버지는 보수세력인 민정당을 지지했는데 나는 민주세력인 민주당을 지지해야 한다고 주장했다. 김영삼의 삼당합당을 아버지는 훌륭한 결단이라 말했지만 나는 정치적인 야합이라고 비판을 했다. 그런가 하면 내가 아직 전셋집에 살면서도 자가용을 타고 휴가 때 해외여행을 다니는 것을 보며 아버지는 분수를 모른다고 못마땅해 했는데 나는 요즘 젊은이들은 인생관과 라이프스타일이 아버지 때와는 다르니 그런 말씀하지 마시라고 대들기도 했다.

자주 이런 모양이니 누나나 여동생들은 '아버지와 안부 인사 외에는 제발 더 이상 대화를 하지 말라' 고 말리기까지 했었다. 하지만 정작 당사자였던 아버지와 나는 자주 부딪치면서도 기회만 있으면 대화를 논쟁을 했다. 생각해보면 지극히 현실주의자였던 아버지는 갑자기 목소리가 커진 아들의 변화를 인생사의 순리로 받아들인 것 같다. '이젠 자기 밥벌이를 한다고 제법 큰소리친다니까' 하면서 일면 대견스러워하셨다.

아버지는 스물아홉에 나를 낳았다. 초등학교만 마치고 경남 진영의 한 농장에서 일을 하다가 공부가 하고 싶어 열여섯에 서울에 올라와 고학으로 대학까지 다녔다. 평생 장사를 하며 작았지만 5층인 건물을 소유할 정도로 자수성가를 했다.

돌이켜보면 청년 시절까지의 나는 삶과 사물을 바라보는 아버지의 마음을 상상할 수 없었다. 아니 생각해볼 필요조차 느끼지 않았다. 그런데 세월이 흘러 나도 장년이 지나고 보니 '아, 이 나이 때에 내 아버지는 그렇게 사셨는데…' 하면서 자주 생각을 하고 비교 아닌 비교도 하게 된다. 내 자신 아직도 인생이 무엇인지 모르겠고 매사에 미숙한 인간이라는 생각이 들 때가 자주 있으니, 아마도 아버지도 비슷한 세월을 사셨을 터인데 나는 그런 생각을 할 수가 없었다. 내 인생의 전반기에 형성된 아버지는 무서운 분이라는 인식이, 혹은 자식들 앞에서 끝내 약한 모습을 보이기 싫어했던 아버지의 모습이 나의 내면에 각인되어 있기 때문인 것 같다.

생각해보면 나의 오랜 열등감은, 프로이드의 설명대로 나의 내면에 형성된 오이디푸스 컴플렉스, 아버지와의 비교의식 때문에 생긴 것인지도 모르겠다.

아침이면 거울 속의 나의 모습을 보면서, 취재를 마치고 돌아오는 차 안에서, 힘든 거래를 위해 상대방과 대화를 나누다가도 나는 아버지를 떠올리곤 했다. 그러던 어느 날, 한인타운 부근의 한 맥도널드에서 한국 노인 몇 분이 커피를 앞에 놓고 한국의 정치에 대해 논쟁을 벌이는 것을 우연히 지켜보다가 느껴지는 것이 있었다. 오, 아버지도 이렇게 사셨구나 때로는 철없는 생각도 하셨고 때로는 외로우셨구나 약하셨구나… 하는 깨달음이 왔다. 그러자 아버지 생각이 날 때면 더불어 떠오르던 한숨과 심란했던 마음들이 사라져가는 것을 느꼈다. 아버지와의 턱없는 비교의식도 사라져갔다. '아버지는 강하다, 아버지는 산처럼 흔들리지 않는다' 는 식의 생각은 내가 지어낸 아버지의 허상이었음을 알 것 같았다. 나는 비로소 아버지에 대한 오해와 갈등이 해소되는 것을 느끼며 아버지가 그리워졌다.

요즘은 아버지가 생각나면 마음속으로 이렇게 속삭인다. '저를 낳아주신 것을 감사해요. 그리고 사랑해요…' 아버지께 처음으로 드린 너무나 늦은 감사와 사랑의 고백이다.

이지선은 예쁘다

한 주일에 하루나 이틀 우리 집 저녁풍경이다. 퇴근이 이른 날엔 아내가 저녁을 준비하는 동안 나는 컴퓨터를 켜고 뉴스에 소개된 볼만한 TV프로그램을 다운받는다. 그리고 식사를 마치면 이번엔 아내가 프로그램을 고르는 동안 나는 설거지를 한다. 내가 고르는 것은 아무래도 시사에 대한 것이 많고 아내는 교양, 연예 등에서 주로 선택한다. 영화의 경우엔 웬 일인지 내가 선택하면 재미가 없어 10분쯤 보다가 꺼버리게 되는 것이 많다. (전에는 투덜거리면서도 뭔가 있겠지 하며 다 보았는데 요즘은 영화든 TV프로그램이든 단호히 꺼버린다.) 우리는 한두 시간 각종 프로그램을 보며, 중간 중간 집안일과 주변의 일들에 대해서도 대화를 나눈다. 이러한 우리의 저녁풍경도 평범한 이민가정의 생활단면이 아닐까 싶어 시시콜콜 기록을 해 보았다.

며칠 전엔 이경규 등이 진행하는 '힐링캠프' 라는 프로그램을 보았다. 베스트셀러 '지선아 사랑해' 의 작가로도 유명한

이지선이 나온다기에 보게 되었다. 오래 전 그 책을 읽으며 감동을 받았던 기억이 있다. 23세의 꽃다운 나이에 억울한 교통사고로 전신에 화상을 입은 저자가 치료과정에서 겪은 말로 피력할 수 없는 고통, 그 예뻤던 외모가 순식간에 바뀌어 버린 후에 겪은 갈등과 절망을 신앙의 힘으로 꿋꿋이 견뎌낸 그 이야기를 깊은 감동으로 읽은 기억이 있다.

인터뷰를 시작하며, 그녀는 전에 한 TV 프로그램의 출연요청을 받았다가 취소된 적이 있는데 화상 입은 얼굴이 한 시간 동안 TV에 비춰지면 시청자들이 불편하다는 것이 그 이유였다고 담담히 말을 했다. 한 사람이 고통 중에 이루어낸 인간적인 승리의 이야기를 소개하겠다는 방송이 그 승리의 요인을 스스로 부정해 버린 천박한 행태에 나는 분노가 일었다. 하지만 이지선은 마음에 맺힌 것이 없는 듯 시종 밝고 명랑했다. 자신은 사고를 '당한' 것이 아니라 '만난' 것이라며 긍정적인 의미를 부여하는 그녀의 승화된 마음이 정말 아름다웠다.

계속되는 몸의 고통과 얼굴 모습도 잃어버린 절망 끝에 하나님께 따지듯 기도했을 때 '나는 너를 사랑한다'는 음성을 마음으로 들었고 소외된 사람들 고통 받는 사람들을 위해 할 일이 있다는 소명을 받아 다시 자신을 추스르게 되었다는 간증을 들을 때엔 나도 모르게 눈물이 나왔다. 손 수술을 받으러 들어가며 오른손 손가락은 두 마디씩 절단하는데 왼손은 한 마디씩만 절단한다니 그래도 감사했다는 말을 들을 때에 옆의 아내는 '헉' 하며 눈물을 흘렸다.

사고를 당하기 전에 찍은 사진들을 보니 이지선은 예뻤다. 스물세 살의 미소에는 미래의 희망과 푸름이 그대로 담겨 있었다. 하지만 그녀는 사고 이전의 옛날로 돌아가고 싶지 않다고 말한다. 그동안 너무나 많은 사랑을 받았고 고통을 극복하며 진정한 감사를 느끼며 살아왔으므로 행복했다고 말한다. 항상 오늘 이 시간이 가장 행복하다고 그녀는 말한다. 이지선의 말에는 진심이 담겨 있었다. 내게도 그 말이 시련의 극복을 위한 자기 암시라는 식의 생각은 결코 들지 않았다.

그리고 나의 눈에는 이지선의 현재 모습이 예전 모습보다 더 예뻐 보인다. 이것은 감정의 왜곡이나 과장이 아니다. 사람의 모습은 눈으로만 보는 것이 아니다. 진정한 아름다움은 마음으로 볼 수 있다. 나는 이지선의 모습에서 사람에 대한 연민, 삶에의 긍정과 사랑의 능력, 진정한 아름다움을 발견할 수 있었다. 이지선은 예쁘다.

앵거 매니지먼트

'화 다스리기' 라는 좋은 표현이 있음에도 제목을 영어의 우리말 표기로 적는 데에는 나름대로 이유가 있다. 영어를 영어로 적지 않고 한국어로 적어 놓으면 화를 해석 차원으로 인식하게 된다. 그러다보면 두 언어, 즉 화와 앵거 사이의 심리적 거리감으로 인해 화를 다스리기도 조금은 쉬워지기 때문이다.

같은 한국사람 사이지만 '당신을 사랑해' 라고 말하기보다 '아이 러브 유' 라고 표현을 하는 것이 조금 더 쉽고 '당신을 보고 싶어' 하기보다는 '아이 미쓰 유' 라고 말하는 것이 덜 어렵게 느껴지는 것도 비슷한 이치이다.

남태평양의 어느 섬에 살고 있는 한 소수민족은 자살률이 굉장히 높다고 한다. 언어학 측면에서 연구해보니 그들의 말에는 슬픔을 표현할 수 있는 말이 없다고 밝혀졌다. 슬픈 감정이 북받쳐 올 때 슬프다는 말을 할 수 있으면 그 감정도 어느 정도 다스릴 수 있을 터인데 이 사람들의 경우엔 슬픈 감정을 어떻게도 처리 할 수가 없으니 심하면 자살을 하고 만다는 것이었다.

대학 시절에 '일반의미론' 이라는 과목을 배웠다. 언어가 인간에게 미치는 영향을 연구한 것으로 위에 든 사례 외에도 '나는 당신을 믿습니다' 를 수도 없이 반복하다보면 정말로 믿게 된다든가 '나는(너는) 바보야' 를 반복해서 읊조리다보면 정말로 바보가 되고 마는 이치를 설명한 것인데 일상생활과 사람들과의 관계에 있어서 언어의 중요성을 더욱 깨닫게 되었다는 것이 배움으로 남아 있다.

내가 좋아하는 작가 무라카미 하루키는 젊은 시절엔 자신도 쉽게 화를 내는 편이었다고 한다. 그런데 여러 경우 지레짐작을 했거나 사실이 아닌데도 오해를 해서 화를 내게 된다는 것을 깨닫고는 이후 화나는 상황이 닥치면 '좀 더 알아보고 화를 내야지' 하는 결심을 하게 되었다고 한다. 화와 심리적 거리를 둠으로써 화를 다스리는, 화를 하나의 실체인양 여기고 그것을 바라보는 시도를 한 것이다. 그 결과 인생의 트러블이 꽤 줄었고 싸움도 하지 않게 되었다고 한다.

따지고 보면 그 대상은 화뿐만이 아니다. 슬픔, 절망의 경우에도 이런 감정이 생겼을 때 바로 반응을 하지 말고 '이 슬픔은 어떤 것인가' '이 절망은 말이 되나' 하는 식으로 잠시 거리를 두고 생각해보면 이런 감정에서 벗어나기가 쉽다.

작가들 중에는 자주 우울증에 시달리는 사람들이 많이 있다. 나의 경우도 예외가 아닌데, 그러면서도 별 문제없이 정상적인 생활을 할 수 있는 것은, 이런 감정을 관찰하는 일이 거의 습관화되어 있기 때문이다. 어떤 일로 자극을 받아 절망감에 허우적거리다보면 '아, 이것도 좋은 소설 거리가 되겠네.' '이것을 쓰면 뭔가 스토리가 되겠네…' 하는 생각이 떠오른다. 앞에서 말한 거리두기가 시작되는 것인데 이로써 자가 치료가 되는 것을 스스로도 느낄 수가 있다. 그러다보니 어떤 이들은 글을 쓰기 위해 우울증을 그리워하는 것을 볼 수 있는데 이것을 예술혼이라고 해야 할지 자학이라고 해야 할지 나 역시도 가름이 잘 안 된다.

앵거 매니지먼트는 이 풍진세상을 다소나마 속 편하게 살고 싶은 사람이라면 누구든지 시도해볼 만한 일이다. 그렇다고 무조건 화를 피하라는 것은 아니다. 무라카미 하루키의 표현대로 '이건 화를 내는 것이 당연해' 라고 확인이 되는 것에 대해서는 계속해서 화를 내면 된다. 요즘 아침산책길에 자주 만나는 예쁜 백인 여자가 있다. 데리고 다니는 개가 잔디밭에 똥을 싸도 도무지 치우질 않으니 나는 그녀를 볼 때마다 정말이지 화가 난다.

낙엽을 밟으며

아침마다 걷기운동으로 동네를 한 바퀴 돈다. 정해놓은 코스를 매일 걷다보니 거의 정확하게 45분이 소요된다. 20분은 도로변 인도를 걷지만 나머지는 숲길과 가파른 언덕도 오르는 코스이다. 가을이 더욱 깊어가니 붉은 잎사귀를 비롯해 갖가지 색으로 치장을 한 나무들이 보기에도 아름답다.

대개 아침 8시에 집을 나서는데 며칠 전 서머타임이 해제되면서부터는 선글라스를 써야 할 정도로 해가 높이 떠있다. 숲길의 낙엽들이 말라 있어서 그것을 밟는 것도 제법 운치가 있어 좋다. 발밑에서 낙엽이 부서지는 소리를 들으며 걷노라면 이런저런 시름도 엷어지고 어느 덧 마음도 세월 밖으로 밀려나 멀리 조국에서의 추억이 떠오르곤 한다.

오늘 아침엔 나의 이십대를 통틀어 문학혼을 흔들어놓았던 김수영의 시 '어느 날 고궁을 나오면서' 의 한 구절이 생각났다.

시인은 '떨어지는 은행나무 잎도 내가 밟고 가는 가시밭' 이라고 노래했다. 가을 어느 날 덕수궁 뜰을 걸었다고 했다. 그런데 우수수 떨어지는 낭만의 은행잎이 그 낙엽이 가시밭 같았단다… 김수영은 또한 (사는 것이) '죄지은 것도 없이 죄지어서 슬픈 마음' 이라는 글을 남겼다. 이런 감수성의 사람도 저 일본식민시대를 6 · 25를 이승만과 박정희 독재시절을 살다보면 저항시인, 참여시인이 되고 만다.

미국에 이민 와 오랫동안 없이 살다보니 이젠 좋은 집이며 좋은 차에 대한 욕심도 거의 사라져 일면 마음이 편하긴 한데 제대로 건사해주지 못한 아이들을 생각하면 왠지 죄를 지은 기분이다. 나는 '글쟁이' 라는 명분이라도 있으니 그렇다 쳐도 옆에서 고생하는 아내를 보면 미안하기만 하다. 그런데, 이런 형편이면서도, 요즘 따라 내 조국의 반쪽 저 북한이 생각나 마음이 아프다. 강제수용소에서 고통에 신음하며 인간 이하의 삶을 사는 사람들 굶주림에 죽어가는 어린아이들의 모습이 떠올라 상대적인 나의 풍요가, 나의 자유가, 나의 식탁이 미안하고 죄스럽기까지 하다. 정말이지 마음이 가는 길에는 그 한도도 경계도 없는 모양이다.

예수님의 첫 제자들이 만든 초대교회의 '능력만큼 일하고 필요만큼 쓰는' 이상적인 사회는 정녕 한 시대의 신기루였던가.

현대는 이 표어를 훔쳐다 왜곡 시켜버린 공산당들로 인해 사람들의 마음이 더욱 삭막해져버렸다.

나는 이 세상의 정치지도자라면 공리주의의 표현을 빌린 '최대 다수의 최대 행복' 을 목표로 삼아야 한다고 생각한다. 타고난 이기심의 발로에서 행복추구의 적용범위가 개인과 가족에 머무는 사람도 있겠고 이를 신념과 신앙으로 극복해 민족과 국가 더 나아가 세계의 인류를 생각하는 사람도 있겠지만, 한쪽에서는 양식이 썩어나가고 있는데 다른 한쪽에서는 굶주림에 죽어가고 있는 세상을 긍정하는 사람이라면 인간임을 포기한 것에 다름 아니라고 나는 생각한다. 관련 학자들은 현재 지구상에서 생산되는 양식만 잘 나누어도 전 인류가 배부르게 먹을 수 있다고 설명한다.

이 땅에서 동시대를 살아가는 사람들은 모두 하나님이 정해주신 한 가족이라고 생각한다. 그러니 지금 우리가 해야 할 일은 작은 나눔의 실천으로 굶주리는 형제만은 없애는 일이라고 나는 믿고 있다.

제 4부

겨울

긍정적인 사람

긍정적인 사람과 부정적인 사람을 구분할 때 흔히 인용되는 사례가 있다. 자기 앞에 물이 반쯤 들어있는 컵이 놓여있을 때 긍정적인 사람은 '물이 반이나 있네' 라고 말을 하는데 부정적인 사람은 '물이 반 밖에 없네' 라는 반응을 보인다고 한다. 먼저 고백을 하자면, 필자는 후자에 해당되는 사람이다.

아침에 일어나면 이런저런 걱정이 몰려오곤 한다. 비즈니스가 더 나빠지면 어쩌나 하는 걱정에 이어 지출해야 할 돈 걱정, 사람들과의 이런저런 관계에 대한 걱정 등 걱정이 끊이질 않는다. 그래서 이를 극복하기 위해 아침에 눈을 뜨면 항상 성경을 먼저 읽는다. 걱정거리를 감사거리로 만드는 기도를 한다. 비즈니스를 주신 것에 대한 감사, 돈 걱정으로 더 열심히 일을 하게 해주시니 감사 그리고 사람들과의 좋은 관계 맺음을 위해서도 기도를 한다… 날마다 반복이 되는 하루의 시작이다.

며칠 전에도 그랬다. 잡지의 마감을 해야 하는 날인데 디자이너 육미숙 씨의 컴퓨터가 갑자기 멈추었다. 더럭 걱정부터 몰려왔다. '큰일 났네. 컴퓨터를 새로 구입하고 다시 작업을 해야 하나? 그러면 마감은 언제하지?' 컴퓨터 관리회사에서 급히 와 주었는데도 복구가 될 때까지 안절부절 못하는 내가 보기에 딱했는지 '너무 걱정하지 마세요. 있을 수 있는 일인데요 뭐.' 라며 컴퓨터 관리자는 말했다. 그리곤 '그래야 우리도 먹고 살 것 아닙니까.' 하면서 웃었다. 그의 여담을 들으니 비로소 떠오르는 성경구절이 있었다.

'아무 것도 염려하지 말고 다만 모든 일에 기도와 간구로, 너희 구할 것을 감사함으로 하나님께 아뢰라. 그리하면 모든 지각에 뛰어난 하나님의 평강이 너희 마음과 생각을 지키시리라 (빌립보서 4:6-7)' 레마로 오시는 말씀을 생각하며, 이처럼 늦게 오는 각성에 대해, 한편으로는 부끄러운 마음도 들었다.

성격은 타고나는 것이라고 하는데 과연 맞는 말인 것 같다. '그러니 부정적인 생각이 먼저 드는 이 성격을 어떻게 하란 말인가. 나를 이렇게 만드신 하나님 탓 아닌가··' 한동안 이런 생각도 했었다. 그러다가 성경을 공부하면서 깨달아졌다.

하루는 예수님이 제자들과 함께 길을 가시다가 장님을 만난다.

제자들이 묻는다. 선생님, 이 사람이 장님이 된 것은 자기의 죄 때문입니까? 혹은 부모의 죄 때문입니까? 예수님이 대답하신다. 그것은 자신의 죄 탓도 부모의 죄 탓도 아니다. 이 사람이 장님이 된 것은 하나님의 영광을 나타내기 위함이다. 예수님은 장님이 눈을 뜨게 고쳐주신다.

그러니, 크리스천이라면 세상일에 대해 자신의 잣대로 판단을 하지 말아야 한다. 모든 일이 하나님의 허락하심으로 인해 일어났기(일어나기) 때문이다. 매사에 부정적인 성격이 예수님으로 인해 긍정적으로 고쳐진다면 이 일을 통해 하나님의 능력이 나타난 것이니 감사를 드려야 할 일임을 깨닫는다.

다시 컵 이야기로 돌아가자. '물이 반 밖에 없네' 라는 부정적인 성격을 가진 사람일수록 아마도 하나님의 은혜를 더 체험할 수 있는 것 아닐까. 사도 바울의 역설대로 '약한 데서 온전하게' 하시는 하나님의 능력이 (더) 머물 것이니 하는 말이다. 그렇다고 '물이 반이나 있네' 라는 긍정적인 성격을 가진 크리스천이 결코 부러워하지는 않을 터이지만… 하나님의 공평하심, 다양하심을 생각해 본다.

'마이너리티' 로 산다는 것

황석영의 대하소설 장길산을 읽으며 나는 세계관이 바뀌었다. 아니, 인생관이 비로소 확립되었다. 나는 좌파가 되었다.

돌아보면 전두환 정권 당시의 사회적 환경도 크게 영향을 끼친 것 같다. 옛 성현 공자는 십 오세에 학문에 뜻을 두었으며 삼십에 바로 섰다고 했는데 나는 이십대 후반 27세가 되어서야 비로소 인생관이 확립되었으니 일면 부끄럽기도 하다.

1980년 5월의 광주로 인해 전두환 정권 내내 많은 대학생들은 일종의 '빚진 자' 라는 의식과 '살아남은 자의 슬픔' 을 공유하고 있었다. 대학생들은 학교보다도 최루탄을 마시며 거리로 나서는 날이 더 많았다.

하지만 대학생활과 사회생활을 동시에 하던 나로서는 몸조심을 해야 했다. 데모에 가담했다가 경찰에 구속이라도 되면 졸업장이고 직장이고 다 포기해야 하니 어쩔 수가 없었다. 후배들로부터 군대를 마치고 나오더니 비겁해졌다는 말을 들어도 할 수 없었다. 특히 글을 쓰는 후배들은 세상이 이처럼 불타고 있는데 '자연은 아름다워라' 타령이나 하고 있다며 비웃곤 했다.

아무튼 데모에 참가하는 대신 주로 책을 읽던 나는, 열 몇 권의 장길산을 모두 쌓아놓고 읽던 어느 날, 운명적(?)으로 다음의 장면을 만났다.

"…또한 그대가 주인으로 섬기는 양반들은 우리가 알기로는 우리 같은 천민의 적이니 네가 받았다는 가엾은 권한이 무슨 소용이 있겠느냐. 나는 굶주리고 핍박받은 백성들을 대신하여 일어난 군사의 장수이다. 이미 작은 활빈행으로 평생의 직분을 세워 심지를 굳혔으니 은혜란 너희들에게 입은 것이 아니라 강산에 즐비한 약한 백성들로부터 입은 것이다. 내가 피를 뿌려 땅위에 쓰러질지라도 저들에게 입은 은혜를 다 갚지 못할 것이다. 죽기로 마음을 정하였으니 사로잡으려 애쓰지 마라…"

장길산의 부하인 마감동이 토벌대 장수 최형기에게 하는 말이었다. 나는 깊은 감동에 한동안 시간을 잊었다. 이윽고 나의 소심함과 무사안일, 글을 쓰는 자로서의 무책임성에 대한 뼈아픈 각성이 몰려왔다. 위와 연결되어 수많은 얼굴들이 떠올랐다.

계엄군에 무참히 짓밟히고 죽임을 당한 광주시민들, 건설회사가 동원한 폭력배들에게 맞아 허리가 부러지는 재개발지역 철거민들, 하루 열여섯 시간 넘게 재봉틀을 돌려야 하는 근로여성들, 우연히 범죄현장을 지나가다 경찰에 끌려가 물고문 끝에 거짓으로 범죄자백을 해야 하는 무고한 시민들, 민주사회를 열망하며 거리로 나섰다가 빨갱이로 몰리는 대학생들의 모습이 떠올랐다.

그리고 그 때, 파티를 좋아한다는 전두환이 소위 통치자금을 바치는 재벌총수들과 어울려 십팔 번이라는 '죽장에 삿갓 쓰고 방랑 삼천리…' 를 부르고 있을 때, 경찰서 한구석에서는 인간답게 살고 싶다고 절규를 하던 여성 근로자가 성고문을 당하고 있을 때, 박종철을 남영동 대공분실에서 고문하다가 죽인 당국자가 '탁자를 탁치니 억하고 죽었다' 며 코미디 같은 발표를 했을 때, 민주주의를 하자며 데모에 나선 이한열이 최루탄에 맞아 죽는 사건이 벌어졌을 때, 나는 좌파가 될 수밖에 없었다.

하지만 나는 타고난 소시민이었고 유약한 글쟁이였다. 데모대의 중심에는 서지도 못했고 민주적 개헌을 하자는 문인들의 서명운동에도 알량한 이름을 올리지 못했다. 넥타이 부대가 데모에 나설 때 겨우 꽁무니에 참여를 했으며 그보다는 숨어서 전단을 만들고 격문을 만드는 일로 겨우 면피나 하고 있었다.

세월은 도도히 흘렀다. 그 사이 김대중, 노무현의 민주정부가 들어서기도 했고 IMF 사태로 불리는 경제위기를 겪기도 했지만 드디어 세계 십 몇 위 교역량이라는 경제발전을 이루었으니 돌이켜보면 격세지감을 느끼게 된다.

그렇다면, 좌파의 한 사람으로서 오늘 우리는 무엇을 해야 할까. 우리는 다음과 같은 시대적 요구에 주목한다. 한국사회에 고착화 되어가는 대기업 독점 경제구조의 극복을 위해 대기업과 중소기업의 '동반성장'을 외치는 이들에게 힘을 모아주고 싶다. '법 앞에서 만인의 평등'이라는 법치주의가 '유전무죄 무전유죄'라는 비아냥거림으로 대치된 계층 간 갈등을 개선하는 일에도 힘을 보태고 싶다. 거리를 방황하는 실업자들과 조기 은퇴자들, 차별받는 비정규직원들, 가정 파괴에 따른 소년소녀 가장들, 의지처가 없는 독거노인들에게도 애정과 관심을 기울여야겠다.

더 나아가 이 시대 좌파들은 같은 민족으로서의 북한 문제를 생각한다. 대명천지에 삼대에 걸친 권력세습으로 세계적인 웃음거리가 되고 있는 북녘 땅, 스물 몇 살 젊은이 앞에서 머리를 조아리고 박수를 쳐대는 북녘의 권력층들을 보면 그 비루함에 내가 다 한숨이 나온다. (하긴 얼마 전 한 재벌회사에서는 '회장님은 신과 동격이며 절대충성의 대상'이라는 문서가 돌려지기

도 했다니 인간의 심성이란 남북이 무엇이 그리 다르겠는가만)

'절대 권력은 절대 부패한다' 는 전언을 되새겨 볼 때 우리가 참여할 일은 과연 무엇인지 명확해진다. 또한 저 북한의 수용소에서 맞아 죽고 굶어 죽는 수많은 사람들의 인권회복을 위해서도 힘을 모아야겠다.

그리고 나에게는 한 가지의 의무가 더 있다. 나는 기독교인이다. 세상을 사랑하되 세상을 위해서가 아니고 하나님을 위해서 사랑하는 기독교인이다. 내가 차별이 없고 정의로운 세상을 만들기 위한 사람들의 노력에 동참하는 이유는 바로 '하나님을 사랑하고 이웃을 사랑하라' 는 기독교의 가르침에 따르기 위함이다. 진정한 평화와 공평과 정의는 예수님께만 있다. 기독 성도들은 이 땅에서의 삶이 끝난 뒤에 펼쳐질 온전하고 영원한 나라의 백성으로의 삶을, 오늘, 이 땅에서 미리 경험하며 살아가는 사람들이다.

어느새 부모나이 되어

–시간은 아깝지만

필자는 한국 TV 드라마를 즐겨보는 편이다. 보고난 뒤에는 시간이 아깝다고 투덜거리면서도 자주 본다. 그러다보니 함께 보던 아내에게 핀잔을 듣곤 한다. 아예 보지를 말든가 보면서 불평을 하지 말든가 둘 중의 하나를 택하라는 것이다. 당연하고 옳은 말이다. 그런데, 보고 싶은 마음도 진짜이고 시간이 아까운 것도 진짜이니 어쩌랴…

아무튼 필자는 드라마를 즐겨본다. 드라마 중에서도 사극이나 정치, 기업 등을 소재로 하는 것보다 멜로물을 더 좋아한다.

사실 멜로드라마의 스토리는 뻔하다. 가난하지만 아름다운 사랑을 하는 두 사람, 하지만 그들의 사랑은 길게 가지 못한다. 여자의 아버지가 병에 걸려 눕는다. 이제부터 동생들의 학비도 걱정이다. 여자는 고민 끝에 남자를 버리고 부잣집에 시집을 간다. 그리곤 겪게 되는 우여곡절과 갈등. 세월은 흘러 이제 성공한 옛 남자는 아직도 미련을 못 버리고 여자의 곁을 맴도는데…

혹은, 드라마의 스토리는, 헌신적인 여자를 배신하고 부잣집으로 장가를 가버린 남자로 바뀔 수도 있다. 이처럼 무슨 내용인 줄을 뻔히 알면서도 필자는 멜로드라마를 즐겨본다. 때로는 배신한 쪽도 이해하고 배신당한 쪽도 이해를 하면서 그들이 엮어내는 이런 저런 이야기에 빠져들곤 한다.

얼마 전의 일이다. 드라마는 부모의 반대에 부딪친 여자의 고민을 그리는 중이었다. (제목은 몰라도 좋겠다. 앞의 말처럼 의례 그런 내용이니까.) 여자의 부모는 말한다. '결혼은 두 사람만의 결합이 아니라 두 집안 간의 결합이다. 사랑이 전부가 아니라는 말이다. 그 남자는 집안도 별 볼일 없고 돈도 없는데 뭐가 그리 좋으냐.' 필자는 어느새 주인공의 편이 되어 '부모란 것들이 다 그래. 딸이 좋다는데 왜 저리 야단인가.' 라고 중얼거리고 있었다.

그런데, 그러다가, 내 자신에게 깜짝 놀랐다. 드라마에서 자신의 모습을 발견했기 때문이다. '내가 지금 누굴 보고 있나. 우리 딸애도 곧 저 나이가 될 텐데. 그러면 저 드라마의 부모의 모습이 바로 내 모습 아닌가.' 나는 신음처럼 중얼거렸다. 순간 보고 있던 드라마에 대한 흥미도 날아가 버렸다. 철이 들자마자 늙어버린 것 같은 기분이었다. 드라마를 보는 관점도 달라졌다. 뭐랄까 일반 사회학적(?) 시선으로 보게 되었다고나 할까…

지금은 주인공도 주인공이지만 그 부모나 주위의 인물들 특히 중년들이 벌이는 행태를 관심 있게 보게 된다. 그러자 깨달아지는 것이 있다. 필자와 같은 현재의 중년들은 옛날의 중년들에 비해 왠지 더 이기적이고 더 탐욕적이 되었다는 것이다.

—엄마처럼은 안 살 거야

필자 세대의 부모들은 자식들에게 그렇게까지 집착을 하고 요구하지는 않았던 것 같다. 그저 많이 못해줘서 안타까워했고 그렇지만 꿋꿋이 자라는 자식이 고마워 자식의 의견에는 무엇이든 찬성을 해주었다. '내가 뭘 아니. 네가 잘 알아서 하겠지…' 어머니에게서 자주 듣던 말씀 아니던가.

한국사회 가정의 위기를 우려하는 목소리가 들려온다. 높아지는 이혼율이 그것을 증명한다고 말한다. 그런데 따지고 보면, 높아지는 이혼율에 크게 작용한 인물이 지금의 중년들이다.

지금의 중년들은 전쟁의 상처와 보릿고개를 딛고 일어선 부모의 희생을 바탕으로 높은 교육을 받았다. 그리고 가부장적인 아버지보다는 엄마의 희생이 가정을 지탱해주는 것을 보며 자랐다. 그러다보니 '엄마처럼 무조건 참으면서 살지는 말아야 해.' 라는 주문을 외우면서 사는 경우도 많았다.

그렇게 살았기에, 세월이 흘러 사회의 중심이 된 오늘에는 자신의 이혼도 잘 감행하고 자식들의 삶에도 적극적으로 관여하게 되었다. 요즘 젊은 부부의 이혼에는 부모의 입김도 무시를 못한다니 정말 우리 중년들은 심각하게 생각을 해 볼 일이다.

어느새 부모나이가 되고 보니 세상에 미안한 것뿐이다. 낳아만 놓았지 해준 게 뭐냐고 대들었던 부모님께 죄송스럽기만 하다. 삶이 팍팍하니 아내에게 미안하고 별로 본을 보이지 못하니 자식들에게도 부끄러울 뿐이다.

필자는 오늘도 드라마를 본다. 드라마를 보는 이유는 자신이 하고 싶은 것을 주인공을 통해 해보는 대리만족 때문이라던가. 그렇다면 우리에게도 아직은 가능성이 있다. 시련을 극복하고 바로 서는 드라마의 인물들처럼 우리 중년들도 작게나마 사회를 바로 세우는 데 기여하고 가정도 화목으로 이끄는 주인공이 되고 싶다.

능력 없는(?) 하나님

—영화 '겨울나비'를 보면서

북한의 현실을 그린 '겨울나비'라는 영화를 보았다.

굶주림에 파괴되고 죽어가는 한 가족의 모습을 그린 가슴 아픈 영화이다.

끼니꺼리가 떨어지자 물로 배를 채우다가 흙을 퍼먹고, 종이를 씹어 먹고, 급기야 정신마저 잃고서는 아들을 죽인 후 개를 잡았다고 안도하며 삶아먹는 참혹한 장면이 나오는 영화이다. 탈북자 출신의 영화감독은 북한에서 실제 있었던 일이라고 설명한다.

영화를 다 본 뒤 가슴이 먹먹해 한 동안 아무 일도 할 수 없었다. 필자를 더욱 절망스럽게 만들었던 장면은, 한 사람은 굶어 죽어가고 있는데 그런 사람을 멀뚱히 바라보며 음식을 먹는 또 한 사람의 모습이었다. 피둥피둥 살이 찐 사람이 태연히 음식을 먹는 장면을 보며 필자는 살의마저 느꼈었다.

하지만 따지고 보면, 이 살의는 바로 나 자신을 향한 것인지도 모르겠다. 이웃의 아픔과 상처를 외면하고 오로지 나 자신의 안위만을 생각하며 살아가는 이기심과 탐욕의 자화상이 부끄러워 지워버리고 싶었던 것인지도 모르겠다.

오늘도 세계 곳곳에서 벌어지는 인종 간 살육의 현장사진을 보며 그리고 혹심한 굶주림에 눈도 멀어 죽어가는 아이들의 모습을 보며 사람들은 질문을 던지곤 한다.

정말 하나님이 있긴 있는 것인가? 정말 하나님이 있다면 어떻게 이런 일이 벌어질 수 있는가?

크리스천으로서 필자는 그런 생각에 동의할 수가 없다. 그것은 하나님이 받아야 할 질문이 아니라 바로 인간인 우리들이 받아야 할 질문이기 때문이다.

–누구의 책임인가

모든 전쟁은 인간집단의 이기심과 탐욕으로 인해 벌어지는 것이다.
그리고 기아의 문제만 해도 현재 지구상에서 생산되는 양식들을 잘 나누기만 해도 모든 인간이 배부르게 먹을 수 있다고 학자들은 설명하고 있다. 한 쪽에서는 굶어 죽어가고 있는데 다른 한 쪽에서는 잉여양식을 처치하지 못해 바다에 버리고 땅에 파묻는 일을 서슴지 않고 벌이는 것이 바로 인간들의 모습인 것이다.

그리고, 거칠게 말해, 지금 하나님의 심판이 일어나 모든 악한 것들을 전멸시키고 모두에게 양식도 똑같이 나누어 준다면 어떤 일이 일어날까? 과연 살아남을 수 있는 인간들이 얼마나 될까? 아니 인간들은 그런 기적을 원하긴 할까? 다시금 우리에게 선택의 자유를 달라고 외치지는 않을까?

성경에서는 하나님이 (위와 같은 기적을 당장 일으키지 않고) 오래 참으시는 이유는 아직 믿음이 없는 사람들을 더 구원하기 위함이라고 설명하고 있다. 그리고 이 기회에 인간에게 부여한 자유의지로 하나님을 믿으라고 요구하고 있다. 이것이 바로 하나님의 인간에 대한 사랑임을 선언하고 있다.

다시 영화 '겨울나비' 로 돌아가자. 한민족인 우리들은 저 북한 땅에 만연한 굶주림과 부정의와 불공평을 개선시키기 위한 연대에 동참해야 한다. 수용소에 갇혀 처참하게 죽어가는 많은 사람들의 인권을 회복시키기 위한 연대를 우리는 계속해야 한다.

하지만 더욱 중요한 것은 저 북한 땅에 기독교 복음이 전파되

도록 노력하는 것이다. 기독교 복음은 사람을 근본적으로 변화시킨다. 육체의 양식과 영혼의 양식을 함께 공급하기 때문이다. 그리하여 사람의 시선이 아닌 하나님의 시선으로 세상을 바라보게 만든다.

크리스천인 우리들은 저 북한 땅에 하나님의 나라가 선포되는 날이 속히 올 것을 믿고 소망하며 기도드린다.

진짜와 가짜

“기독교가 좋긴 좋은가봐. 이렇게 가짜들이 많은 걸 보면…”

기독교를 비판하는 소리가 여기저기서 들려온다. 종교가 사회를 걱정해야 하는데 거꾸로 사회가 종교를 걱정하는 시대가 되었다며 한탄하는 매스컴의 지적도 설득을 얻고 있는 것 같다.

먼저 기독교인의 한 사람으로서 필자 역시 세상에 모범이 되는 생활을 하지 못하고 있으니 이런저런 비판에서 그리 자유롭지 못하다는 것을 고백할 수밖에 없다. 그러면서도 감히 한 마디를 하고 싶어 이 칼럼을 쓴다.

세상에는 귀하고 좋은 것 일수록 가짜가 많기 마련이다. 가짜가 가장 많은 보석은 무엇일까? 단연코 다이아몬드이다. 가짜가 가장 많은 지폐는? 물론 백 달러 지폐이다.

그렇다면 한인 사회에 가짜가 가장 많은 직업은? 필자가 생각하는 정답은 '목사' 이다. 우리 한국인들은 흔히 '사' 자가 들어가는 직업을 선망하는 편인데 '사' 자가 들어가는 직업 중에서 사기꾼들에게 가장 만만한 것이 목사인 것 같다.

의사, 변호사, 회계사 등등은 아무래도 전문지식이 있어야 하니 가짜들이 진짜 행세를 하기에는 부담이 있을 것이지만 목사야 적당히 성경구절을 꿰어 차면 되고 좋은 말만 잘 하면 되니 가뜩이나 말 잘하는 사기꾼들에게 있어서는 안성맞춤의 가짜 직업이 될 것이다.

얼마 전 조국의 한 TV 방송을 통해 한 사이비 목사의 행태가 적나라하게 고발된 적이 있다. 여성들을 성추행하고 금품을 갈취하고 가정을 파탄에 이르게 하고… 듣자 하니 그에게는 소위 안수기도라는 것을 통해 병자들을 낫게 하는 능력이 좀 있는 모양이다. 그래서 평소 병에 시달리다 그를 찾았던 병자들이 더러는 낫는 모습을 보며 사람들은 무조건 그를 신처럼 섬겼다는 것이다. 그러다가 결과적으로 모든 것을 다 잃고 양심선언식의 고발을 하고… 이런 악순환이 지금도 되풀이되고 있다는 것이었다.

자, 그렇다면, 이 사람은 목사인가? 그를 따르던 사람들은 성도

인가? 필자는 결코 아니라고 단언한다. 그는 목사가 아니요 그를 따르는 사람들은 결코 기독교인이 아니라는 말이다. 다만 기독교로 자신들을 위장하고 있는 가짜라는 말이다.

기독교를 믿는 사람이든 믿지 않는 사람이든, 기독교가 추구하는 삶의 목표인 '하나님을 사랑하고 네 이웃을 사랑하라' 는 메시지에 공감을 한다.

그런데 믿는 이와 믿지 않는 이가 다른 점은, 믿는 이들은 위와 같은 고발 방송을 보며 안타까워하고 진정한 기독교인이 되기 위해 자신에게 있을지도 모르는 어떤 맹신성, 기복성을 반성하는 데 반해, 믿지 않는 이들은 '나는 저런 꼴 보기 싫어서도 교회에 안 가' 하면서 외면을 한다는 것이다.

이제 결론으로 들어가자. 가짜가 많다고 자기에게 돌아오는 다이아몬드, 백 달러 지폐를 거절할 사람이 있을까? 기독교 메시지를 받아들이는 것도 마찬가지일 것이다. 지금 믿지 않는 이들은 가짜 기독교인 때문에 자신의 영원한 평안과 기쁨의 삶을 놓쳐버리는 일이 없기를 간곡히 권해드린다.

"하나님의 나라는 성령을 통해서 누리는 정의와 평화와 기쁨입니다. (로마서 14:17)"

해석의 차이

오래 전 내 친구 하나는 '부부일심동체(夫婦一心同體)' 를 철석같이 지키는 친구였다. (과거형으로 쓰는 이유는 잠시 후에 설명함) 그는 회사에서의 시간 외에는 어느 자리든 아내와 함께 했다. 아내와의 동반이 허락되지 않으면 아예 참석을 하지 않았다. 그는 친구들에게 이런 말도 했다. "며칠 전 TV의 명화극장을 보고 있는데 옆의 와이프가 졸고 있더라구. 그래서 그냥 꺼버렸어. 정말 보고 싶은 영화였지만 나 혼자 즐기면 뭐하나 싶어서…" 그래도 그가 의처증은 아닌 것 같다고 여러 친구들은 진단을 했었다. 아무튼 그렇게 세월이 흐르며 나는 미국으로 이민을 왔고 후로는 만날 수 없었기에 그의 얘기를 과거형으로 썼다. (가끔 한국에 나가면 친구들이 환영회를 열어주곤 하는데 부부가 아닌 남자들만 모이는 자리여서 그에게는 아예 연락도 하지 않는다고 한다.)

이 친구와는 정반대인데 '부부일심동체' 를 말하는 또 하나의 친구가 있다. 그는 자기아내와는 식성도 취미도 성격도 다 다른데 별 트러블 없이 잘 산다. (한국에 나가면 모임에서 만나고 있으니 현재형으로 쓴다.) 언젠가 그는 말했다. "나는 와이프가 음악을 들으며 뜨개질 하는 것을 보면 마음이 편안해져. 나는 책을 싫어하지만 이 사람이 책을 읽는 모습을 보면 나도 지식이 쌓이는 것 같아 기분이 좋아. 그리고 내가 바둑을 둘 때 이 사람은 쳐다보지도 않으니 좋아. 낚시도 신혼 시절 한두 번 따라가 보더니 그 후론 혼자 가라고 하니 차라리 편안하고." 친구들이 너희처럼 따로 노는 것도 문제라고 말을 하면 그는 대답하곤 했다. "부부란 일심동체이니 서로 다른 점이 합쳐져서 두 배의 큰 사람으로 사는 것 아닐까."

'인생은 해석이다' 라는 말이 있다. 여기서 해석이란 말과 글의 해석만이 아니라 사람의 개성과 처한 환경, 과거 현재 미래를 아우르는 시대에 대한 모든 해석을 말한다. 즉 대상을 어떻게 해석하느냐에 따라 그 사람의 생각이 행동이 나오는 것이다. 위의 두 친구가 '부부일심동체' 를 지키며 산다고 확신하는 것처럼. 또한 이 친구들과의 청소년 시절, 맹자의 '성선설' 과 순자의 '성악설' 을 놓고 인간은 본래 선하니 악하니 열띤 토론을 벌이던 것이며 인간의 삶은 신이 미리 정해놓은 '운명론' 이 맞네 스스로 개척해나가는 '개척론' 이 맞네 논쟁을 벌이던 것도 인간사에 대한 해석의 차이에서 파생된 논쟁일 것이다.

그런데 최근 신영복 선생의 저서 '담론' 을 읽으며 하나의 배움을 얻었다. 선생은 성선설과 성악설은 중국춘추전국시대의 약육강식, 대량 살상, 하극상이 횡행하는 비참한 현실을 뛰어넘기 위한 목적론적 개념이었다고 설명한다. 맹자는 인간의 선한 본성을 확충함으로써, 순자는 인간의 악한 본성을 직시하고 이를 적절히 규제함으로써 혼란한 시대를 극복하고자 했다는 것이다.

이 부분을 읽으면서 인간은 본래 선하네 악하네 논쟁이 인간사의 본질을 가리는 것은 아니라는 깨달음을 얻었다. 그야말로 달을 바라보면 되는 것인데 달을 가리키는 것이 손가락이네 막대기네 논쟁을 하고 있는 것과 다름 아니라는 생각이 들었다. 같은 의미로 인간의 삶은 운명론이네 개척론이네 논쟁을 벌이는 것도 편향된 생각인 것 같다. 운명론에 빠져 매사 체념적인 삶을 산다거나 개척론을 신봉해 세상에 대해 공격적이고 교만해진다면 둘 다 어리석은 것이다. 다만 우리의 인생은 한치 앞도 알 수 없는 것임을 직시하고 운명론을 통해 겸손을 개척론을 통해 삶에의 긍정과 적극성을 배우면 되는 것이다.

이런 시선으로 보니 요즘 세상 돌아가는 모습들 특히 정치판의 여당과 야당, 진보와 보수의 싸움도 성장론 대 분배론의 사회적 논쟁들도 나(극소수)만의 성취를 이루려는 것이 아니라면 함께 잘 살고자 하는 공익적 목표가 있는 것이라면 나 같은 관객들은 공연히 한편에 치우쳐 흥분하고 부화뇌동하지 말 일이라는 각성이 들었다. 아마도 정치가들은 이미 그런 공감대가 있으면서도 관객들의 주목을 위해 '피 터지게' 싸우는 척 하는 것이겠지 하는 턱없는 낙천적인 생각마저 들었다. 그러니 나로서도 살면서 흔히 겪는 인간사의 갈등, 사소한 대립을 옳고 그름, 정의와 불의의 싸움으로 여기지 말고 그야말로 해석의 차이에서 생기는 것이라 여기고 생산적으로 긍정적으로 바라봐야한다는 각성을 했다.

다음에 한국에 나가면 위의 두 친구를 만나 오랜 세월이 흘렀지만 다시 한 번 부부일심동체와 부부학(?)에 관한 이야기를 나누어 봐야겠다. 그들이 피차 반대로 해석하여 만들어낸 한 세월 삶의 모습이 어떻게 전개되었는지 후일담을 들어보고 싶다. 한 친구는 여전히 안 올지도 모르니 천상 부부동반 모임을 만들어야겠다.

관계 맺기

어른들을 위한 동화 '어린왕자'에 나오는 한 장면이다. 자기가 살던 별을 떠나 지구별에 날아와 외롭게 헤매던 어린왕자가 어느 날 여우를 만난다. 어린왕자는 여우에게 같이 놀자고 청한다. 여우가 대답한다. "나는 너와 놀 수가 없어. 나는 길들여지지 않았거든." 어린왕자가 묻는다. "길들여진다는 게 뭐지?" 다시 여우의 대답, "길들여진다는 것은 관계가 생긴다는 거야. 지금 내게 넌 세상의 여러 아이들과 전혀 다를 게 없어. 너에게 나도 흔해빠진 여우들과 다를 게 없지. 그러나 네가 나를 길들이면 너는 나한테 이 세상에 단 하나밖에 없는 아이가 될 거구 나는 너한테 단 하나밖에 없는 여우가 되는 거야. 우리는 서로 필요한 사이가 되는 것이지."

나는 지금까지 작가 '생떽쥐베리'처럼 연대의식 즉 관계 맺기의 본질을 간결하고 명쾌하게 잘 표현한 것을 발견하지 못했다.

오래 전, 미국에 갓 이민 왔을 때의 일이다. 나는 성도가 몇 사람 없는 한 개척교회의 목사님과 아침마다 커뮤니티 칼리지 LACC의 테니스 코트에 나갔었다. 아침 6시 30분쯤에 만나 테니스를 쳤는데 장소가 다소 외진 탓이어서 다른 사람들은 없고 거의 매일 둘이서만 운동을 했다. 한 사람이 늦으면 벽치기나 하면서 기다려야 했다. 그러다 친구가 하나 생겼다. 목사님이나 내가 늦을 때면 코트 부근에서 잠을 자고 있던 홈리스 한 사람이 상대가 되어주었다. 그는 테니스를 제법 잘 쳤다. 운동이 끝나면 1달러만 받은 뒤 아주 만족해했다. “저렇게 멀쩡한 친구가 홈리스라니… 저 힘으로 일을 하면 오죽 좋을까.” 당시 목사님과 내가 자주 나누던 이야기였다. 이렇게 일 년 정도 함께 운동하다가 나는 조깅을 시작했고 목사님은 성도들과 배드민턴으로 전환하면서 세 사람은(?) 자연스럽게 헤어졌다.

내가 요즘도 여기저기서 만나지는 홈리스에게 1,2불 씩 주곤 하는 것은 그 때의 경험 때문이다. “멀쩡한 사람에게 무슨 동냥을?” 옆의 아내가 반문을 하면 나는 대답하곤 한다. “무조건 주는 것은 아니고… 왠지 주어야 할 것 같은 느낌이 오는 사람들이 있어.”

동양고전 ‘맹자’에 ‘이양역지(以羊易之)’ 양과 소를 바꾼 이야기가 나온다. 어느 날 한 신하가 제물로 쓰기 위해 소를 끌고 가는데 소는 벌벌 떨며 눈물을 철철 흘리며 끌려가고 있었다.

이를 본 왕이 불쌍히 여겨 소 대신 양으로 바꾸어 제사를 지내라고 명령했다. 일부 백성들이 수군거렸다. 그러면 양은 불쌍하지 않다는 말인가? 소는 비싸지만 양은 비싸지 않아서? 여기에 맹자가 답을 내놓았다. 왕으로서는 소는 이미 보았기에 불쌍함을 느꼈지만 양은 보질 못했기에 불쌍함을 느낄 수 없었다는 것이다. 이처럼 만난 것과 만나지 않은 것, 즉 관계가 있는 것과 관계가 없는 것의 큰 차이를 이양역지라는 고사성어는 가르치고 있다.

옛사람들이 평생 동안 걸어 다닌 거리를 현대인들은 한 달 만에도 다닌다고 관련연구학자들은 설명한다. 오고가며 마주치는 사람들도 셀 수 없을 정도로 많다. 가만히 앉은자리에서도 TV를 통해 인터넷을 통해 수많은 사람들을 보면서 산다. 그러다보니 많은 사건, 사람들을 나와는 전혀 상관없다고 여기며 그냥 지나치기 일쑤이다. 하지만 사람은 결코 홀로 떨어진 섬처럼 살 수는 없다. 세상이 복잡해지면서 교통사고며 총기사고, 폭력 등의 대인사고들도 빈번히 발생하니 이웃과의 연대가 관계 맺기가 더욱 요구되는 시대가 되었다. 이웃의 평안이 결국 나와 내 가족의 행복을 위해서도 더불어 중요하게 된 것이다.

사람 사이의 관계 맺기는 우월한 편의 양보가 전제되어야 가능해진다. 그런데 사람의 마음이란 또한 묘한 것이어서 부족한 측이라 해서 그 양보가 무조건 수용이 되지는 않는다. 베푸는 측의 진정성이 있어야 받는 측에서도 감동이 있다. 진정성이 없을 때에는 피차 실리를 위한 언제라도 깨질 수 있는 긴장된 타협이 있을 뿐이다. 그런 의미에서 관계 맺기는 일차적으로 우월한 사람들의 책임이라고 할 수 있다. 베푸는 자와 받는 자가 우열로 구별되지 않을 때, 강한 사람이 약한 사람과 보조를 맞추어 함께 가고자 할 때 진정한 관계 맺기는 이루어진다.

한걸음 더 나가보면 각 사람마다 성격이나 경험 혹은 여건에 따라 연대의식을 느끼는 대상이 다소 다름을 알 수 있다. 형편이 어려운 노인들이 잘 보이는 사람들이 있는가 하면 불우한 장애인들에게 더 관심이 가는 사람들이 있다. 재난의 현장에 달려가곤 하는 사람들도 있다. 나의 경우엔 굶주림으로 죽어가는 아프리카 어린이들, 영양실조에 걸린 북한의 아이들이 자주 눈에 밟힌다. 정말이지 어느 날 부지중에 내게 다가오는 관계 맺기의 주문을 (나와 예수님만 안다) 회피하지 않기를 소망한다. 저기 빨갱이들이 훔쳐간 용어라서 다소 쓰기 불편하지만 '능력만큼 주고 필요만큼 받을 수 있는 세상' 이야 말로 예수님이 주문하시는 바른 연대 진정한 관계맺음의 세상이라 할 수 있다.

다시 어린왕자와 여우의 대화로 돌아가자. 작가는 관계 맺기의 방법론을 다음과 같이 서정적으로 제시한다.

"너를 길들이려면 어떻게 해야 하지?" 어린왕자가 물었다. "참을성이 있어야 해." 여우는 대답한다. "처음에는 나한테서 조금 떨어져 그렇게 풀밭에 앉아 있어야 해. 내가 곁눈질로 너를 봐도 너는 말을 하지 마. 말은 오해의 근원이니까. 그러나 하루하루 조금씩 가까이 앉게 될 거야."

갑질과 을질

"당신의 소원이 무엇이든 말하시오. 내가 모두 들어주겠소." 알렉산더 대왕이 디오게네스를 찾아와 말했다. "대왕이시여, 나는 지금 햇볕을 쬐고 싶은데 대왕이 가로막고 있으니 한 발만 옆으로 비켜주세요."

널리 알려진 일화이다. 이런 이야기도 있다. 항상 남루한 모습으로 살아가는 디오게네스에게 한 마을사람이 빈정거리듯 물었다. "사람들은 거지는 동정을 하지만 철학자는 동정하지 않습니다. 왜 그럴까요?" 이 철학자는 서슴지 않고 대답했다. "사람들은 거지가 될 가능성은 있지만 철학자가 될 가능성은 없기 때문이라오." 오늘은 두 번째를 염두에 두시기 바란다.

최근 세상을 떠들썩하게 만든 대한항공의 소위 '땅콩회항 사건'을 보도하며 일부언론들은 조국에서 벌어지고 있는 갑(들)의 이런저런 횡포를 소개하며 이 기회에 을(들)이 각성하고 단결하여 정의로운 세상을 만들어 나가야 한다고 목소리를 높인다. 그런데 정작 이의 발단이 되었던 대한항공의 을들은 단결은 커녕 피해를 당한 동료를 협박하며 왕따 시키고 있다니 말 그대로 갑질보다 더한 을질에 한숨이 절로 나온다. (여운진 상무도 조현아의 을이다.)

나 역시 지난날 조국에서 직장생활을 하며 윗사람을 모셔도 보았고 아랫사람을 거느려도 보았다. 그러니 상사의 지시를 거역한다는 것이 얼마나 힘들고 위험한 일인지 잘 안다. 때로 부당한 일을 지시 받곤 몇 날을 고민했던 기억도 있다. 한 번은 상사가 내게 아랫사람을 내보내라고 지시했는데 그 이유가 황당했다. 미혼인 여직원의 애인이 실업자라는 말을 들었단다. 돈을 만지는 경리일을 하는 여직원의 애인이 실업자라면 금융사고를 낼 가능성이 크니 적당한 이유를 만들어 내보내라는 것이었다.

상사의 지시에 나는 정말 난감했다. 정당한 사유도 아닌데다가 여직원의 가정 형편을 보아도 실직을 감당하기 어려울 것 같았다. 고민 끝에 나는 연대보증이라도 서겠다며 타협책을 건의했다. 그런데 알고 보니 상사는 인척을 채용하기 위해 그 여직원을 내보내려 한 것이었다. 나는 상사의 지시를 거부했다. 내 손으로 해고기안서를 올릴 수는 없다고 버텼다. 그런데 그 뒤로 내가 당했던 수모를 생각하면 지금도 가슴이 서늘해진다. 나는 조직에 위해를 가할 위험인물로 낙인이 찍혔다. 심지어는 여직원과 불륜을 맺었다는 소문도 퍼졌다. 평소 가까이 지내던 동료들이 나와 함께 식사하는 것도 눈치를 보며 꺼려했다. 너무도 힘들고 절망스러워 내가 사표를 낼 작정을 했을 때 마침 그 상사는 부당한 거래에 연루 되어 회사를 그만두게 되었다. 그러자 금세 나에 대한 평가가 달라졌다. 상사의 부당한 지시에 결코 굴하지 않고 더구나 부하직원을 끝까지 책임지는 모범적인 중간관리자라는 칭찬을 들었다. 그 상사의 자리에 부임한 다른 상사는 내 말이라면 무조건 신뢰하며 대신 전결권을 주기도 했다.

위의 일이 내 자랑으로 들릴까봐 부득이 고백을 해야겠다. 당시 수모를 겪을 때 나는 여직원을 내보내지 않은 것을 무척 후회했었다. 돌이킬 수만 있다면 그렇게 하겠노라고 그 상사에게 사정을 하고도 싶었다. 사표를 던질 생각을 하자니 너무나 억울했다. 그런데 무엇보다 그 일의 시종의 기간이 별로 길지 않았다는 것에 나는 지금 생각해도 안도를 느낀다. 아무튼 그 때 나는 세상인심의 조석변이를 절감했고 한 집단에서 따돌림을 당한다는 것이 얼마나 절망스러운 일인가를 체험했다. 사람들은 집단범죄에는 죄의식도 별로 느끼지 않다는 사실을 나는 새삼스럽게 깨달았다. (몇 년 후 내가 미국이민을 결심하게 된 배경에는 이런 '꼴' 이 난무하는 조국의 현실이 싫었던 이유도 있다.)

앞의 얘기로 돌아가자. TV를 통해 박창진 사무장의 고백을 들으니 나도 눈물이 났다. 나는 소위 갑의 눈치만 살피며 목을 매는 을의 비겁함에 연민보다도 분노를 느꼈다. 동료가 부당한 일을 당하고 있으면 말 그대로 같이 죽을 수는 없겠지만 앞장서서 떠밀지는 말아야 하는 것 아닌가. 더구나 여운진 상무가 박창진 사무장에게 조현아의 불법행위에 대해 거짓진술을 강요하는 녹음을 들었을 때엔 '이런 인간이 있나' 적개심마저 느꼈다.

박창진 사무장의 사건은 이 땅의 을이라면 누구나 당할 수 있는 피해이다. 그러니 을은 자기 자신을 위해서도 진실과 정의의 편에 서야만 한다. 이것은 선의도 동료애도 아닌 인간으로서의 삶의 당위이다. 갑의 불법을 감싸주고 아부하며 아무 잘못도 없는 동료를 왕따 시키는 을이 있는 한 오, 갑질은 영원하다.

돈 걱정, 돈 욕심

사람들은 예외 없이 돈에 매여 산다. 살림이 빠듯하거나 어려워 돈 걱정을 하며 사는 사람도 있고 잘 버는데 더 누리려고 더 쌓아놓으려고 욕심을 부리며 사는 사람도 있다. 정도의 차이가 있을 뿐 사람들은 대부분 둘 중 한편에 속한다.

그런데 인생살이가 참으로 공평한 것은 돈 걱정으로 사는 사람이나 돈 욕심으로 사는 사람이나 받는 스트레스는 거의 같다는 것이다. 아무리 채워도 만족할 수 없는 것이 돈이다 보니 돈 욕심이 많은 사람일수록 없이 사는 사람과 비교해 그 마음상태가 다르지 않다. 아니, 있으면서도 베풀 줄을 모르고 오직 움켜쥐려 드는 사람은 오히려 더 결핍감을 느끼며 산다.

평소 나는 자신이 돈 욕심은 없는 사람이라고 생각했다. 그런 것은 돈 많은 사람들이나 하는 것이라 여겼다. 그리고 돈이 부족하면 혹시 남에게 피해를 줄 수도 있으니 열심히 사는 것은 물론이요 돈 걱정도 당연히 해야 하는 것이라 생각했다. 모자라면서도 걱정을 하지 않는다면 무책임한 것이라는 생각도 했다.

그런데 성경의 바울 서신들을 다시 읽으며 깨달았다. 나의 내면에 형성된 돈 걱정은 책임의식도 배려의 마음도 아닌 또 다른 형태의 돈 욕심임을 알게 되었다. 안 믿는 사람들을 연민으로 바라보고 그들을 위해 기도한다면서도 돈 많은 이들을 보면 상대적 빈곤감에 빠지곤 하는 이중의 태도로 살아 온 나 자신을 발견했다. 그렇다면, 하나님에 대한 믿음도 있고 돈이 주는 혜택도 많이 누리는 사람들이라면 좋은 것일까? 오, 더 솔직히 말하자면 믿음이 있다면 결코 많은 돈을 소유할 수 없는 법이라고 나는 생각했었다. 함께 나누어야 할 것을 움켜쥐고 있는 것이라며 정죄하는 마음마저 있었다. 이처럼 돈에 대한 나의 관념은 막연한 책임의식과 상대적 빈곤감, 거기에 편견과 반어가 얽혀 스스로도 설명이 모호한 점이 있었다.

바울은 당시 유대사회에서 최고의 학벌과 신분을 지녔고 열정도 있었으니 출세가 보장되었던 사람이었다. 그런 그가 예수님을 믿게 된 후로는 오직 전도하고 가르치는 것에 전력을 기울이며 스스로 낮은 자리에 섰다. 자신의 기록대로 집도 없이 떠돌며 헐벗고 굶주리기 일쑤였으며 수차례 매를 맞았고 감옥에 갇히기도 했다. 한번은 주류 유대인들이 던진 돌에 맞아 쓰러지자 죽었다고 여겨져 성 밖으로 내다 버려진 적도 있었다.

'나는 어떤 처지에서도 스스로 만족하는 법을 배웠습니다. 나는 비천하게 살줄도 알고 풍족하게 살줄도 압니다. 배부르거나 굶주리거나 풍족하거나 궁핍하거나 그 어떤 경우에도 자족할 수 있는 비결을 배웠습니다.'

바울은 철저한 긍정의 사람이었다. 그는 극심한 고생을 통해 사람이란 무슨 일이든 자신의 능력을 믿지 말고 하나님께 의지해야 함을 배웠다고 고백했다. 결핍으로 인해 하나님의 은혜가 더 크게 임할 수 있으니 기쁜 것이 아니냐고 역설했다. 자신은 영원한 하늘나라로 갈 터인데 고난으로 인해 빨리 간다면 더 좋은 것이라고 적었다.

바울 같은 위대한 성인의 영성에 나 같은 사람은 절반도 이르지 못하겠지만 이번에 바울을 읽으며 나는 돈 걱정(욕심)에서 벗어나는 방법을 다시금 깨달았다. 남들과 비교하며 상대적 빈곤감에 빠지지 말고 지금 나의 형편에 자족하는 것이다. 결핍은 채움을 위해 있다는 절대 긍정의 자세를 갖는 것이다. 돈에 매여 살 수 밖에 없지만 진정한 성도라면 생활의 필요로 그 매임을 인정하고 열심히 일할 뿐 돈 걱정(욕심)에 휘둘리지는 않는다. 돈보다 환경보다 크신 예수님에게 매여 있기 때문이다.

'항상 기뻐하라 내가 다시 말하노니 기뻐하라' 감옥에서도 자유함과 평안을 누리던 사도 바울이 세상에 갇혀있던(종종 있는) 나를 위로하며 전해준 메시지이다.

말이 곧 인격이다

누군들 교양 있고 품격 있는 말을 하면서 살고 싶지 않겠는가만 세상살이가 험해져서 그런지 오고가는 말들이 점점 더 천박해지고 거칠어지는 것만 같다. 이런 세태를 반영하려는 듯 요즘의 영화들을 보면 거침없이 쏟아내는 비속어, 상소리, 욕설에 마치 내 자신이 언어폭력을 당하는 것 같은 곤혹스러움을 느끼곤 한다. 조국뉴스를 보니 요즘엔 초등학생 애들도 입에 욕을 달고 산다고 하니 정말이지 '막장 드라마' 와 같은 이 세상 현실이 어디까지 가려는지 때론 무섭기까지 하다.

솔직히 멀리 조국까지 갈 것도 없다. 요즘 나는 내 자신의 언어생활을 들여다보면서 그 이중성에 더욱 부끄러움을 느끼곤 한다. 내가 다니는 교회에서 만나는 사람들에게 하는 말과 세상에 나와 쓰는 말이 다르기 때문이다. 교인들과는 비교적 점잖고 경건한 말을 쓰는 편이다. 하지만 교인 외의 사람들을 만나면 품위없고 경박한 말들을 잘도 늘어놓는다. 그리고 그런 자신에 대해 반성도 별로 없다. 나는 원래 교양 있고 품격 있는 언어를 좋아하는 사람인데 현실 생활의 편의를 위해 작위적으로 경박한 말을 쓰는 것이라며 자위하곤 한다. 그렇게 하는 것이 세상에 더 친근하게 다가가는 것이라 생각했었다.

얼마 전 한 과학자와 인터뷰를 했는데 그의 설명에 의하면 사람들의 입에서 나온 모든 말들은 그저 사라지는 것이 아니라 어딘가에 남아있단다. 그러니 과학이 더 발달하면 각 사람들의 말소리를 모두 녹음파일처럼 만들어 다시 들을 수도 있다고 한다. 오래 전에 죽은 사람의 말소리도 모두 재현해 낼 수 있다는 것이었다. 예전 같으면 '믿거나 말거나' 공상영화에나 나올 이야기라고 웃었겠지만 최근 기계문명의 발달속도를 보면 어느 미래에는 정말 실현될 일로 받아들여야 할 것 같았다. 하긴 요즘도 핸드폰을 쓰다보면 상대가 남겨놓은 음성메시지가 허공을 떠돌다가(?) 몇 시간 후에 때론 다음 날에야 전화기에 들어오기도 하는 것을 보면 그의 말이 충분히 가능하다는 생각이 들었다.

그의 설명을 듣고 있자니 내겐 너무나 끔찍한 일이라는 생각이 들었다. 어린 시절부터 현재에 이르기까지 내가 했던 모든 말들이 녹음형태로 저장되고 다시 들을 수도 있다니 정말이지 얼굴을 들고 다니질 못할 것 같았다. 내가 내뱉었던 수많은 부정적인 말들, 누군가와 싸우며 했던 욕설들, 저질스럽게 낄낄거리던 말들, 죽이 맞는 사람과 어울려 누군가를 흉보며 비방했던 말들이 모두 그대로 재현이 된다니… 이런 것이 바로 최후의 심판이구나 하는 생각마저 들었다.

한동안 한국에선 '말이 많은 사람은 공산당과 예수쟁이'라는 말이 회자되곤 했다. 말만 번드르르 잘하는 사람을 향해 빈정거리며 던지는 말이었다. 그런데 공산당들이야 겉 다르고 속 다른 것도 자본주의를 격파하기 위한 하나의 전술전략이라지만 예수를 믿는다는 사람이 이중의 언어를 쓴다면 그야말로 위선자에 지나지 않는다. 과학자와 인터뷰를 마치고 돌아오는 길에 오, 어느새 나도 그런 예수쟁이가 되었구나… 하는 반성의 마음이 들었다. 이 이중성에서 벗어나려면 세상에 나와서도 교인들과의 대화처럼 교양 있고 경건한 말을 쓸 일이다. 천박한 언어생활이 사람들과의 거리감을 없애준다거나 현실생활의 편의가 될 수는 없다. 좋은 것이라면 애써서라도 따라야겠지만 좋지도 않은 것을 작위적으로 한다는 것은 자기기만에 다름 아니라는 각성도 들었다.

'그가 쓰는 말이 곧 그의 인격이다'는 평범한 진리를 다시 한 번 마음에 되새겨본다.

크리스천의 이미지

내게 크리스천의 이미지가 처음으로 형성된 것은 오래 전 중학교 1학년 때였다. 지금 생각해보아도 의아한 것은, 그 전에도 동네의 교회당이며 성경을 들고 다니는 교인들을 분명히 보았는데 마치 몰랐던 것처럼 아무런 느낌이며 인식이 없었다는 점이다. 그래서 시인 김춘수도 '꽃' 이라는 시에서 '내가 그의 이름을 불러주기 전에는 그는 다만 하나의 몸짓에 지나지 않았다' 고 노래했더라만.

내가 들어간 중학교는 크리스천 스쿨이었다. 처음 반을 배정받은 뒤 우리들은 늘 그랬던 것처럼 반장, 부반장, 봉사부장, 미화부장 등을 뽑았는데 전에는 듣지도 못했던 종교부장이라는 것을 뽑게 되었다. 담임선생님이 몇 명을 추천했는데 다들 목사님이나 장로님의 아들이라고 했다. 그 중에서 가장 착해 보이고 양보도 잘할 것 같은 학생이 종교부장으로 뽑혔다. 내가 크리스천에게 갖게 된 첫 이미지도 그렇게 형성이 되었다. 착해서 양보 잘

하고 늘상 지기만 하는 사람.

크리스천 스쿨에 입학하게 된 것을 계기로 나 역시 교회에 다니게 되었는데 (여름방학 숙제가 교회주보를 모아오는 것이었다.) 나는 성경책을 손에 들고 다니기가 정말 싫었다. 가뜩이나 약한 체형이어서 또래의 애들에게 만만하게 보이는 것이 싫었는데 성경책까지 들고 다니면 반의 종교부장처럼 아예 연약하고 물러터진 애로 볼 것 같아서였다. 나는 어머니를 졸라 성경책을 넣어 다닐 작은 손가방을 샀다.

나는 나름대로 열심히 교회학생회에 참여했다. 처음에는 친구들이 좋아 다녔지만 고등학교에 진학하면서 '나는 누구인가' 라는 자아의식에 눈을 뜨게 되었고 비로소 예수님에 대한 확신이 생기면서 세례를 받고 크리스천이 되었다.

하지만 중고등부를 졸업하고 청년부에 들어간 뒤에도 여전히 성경책을 손에 들고 다니는 것이 싫었다. 오히려 한 가지 이유가 더 붙었다. 유약해 보일 것이라는 이유 외에도 내가 위선자 같아서였다. 평소에 친구들과 어울려 술도 마시고 내기 당구도 치고 음악다방으로 몰려다니며 저속한 말을 낄낄거리는 등 크리스천다운 생활은 못하면서 주일에만 성경책을 들고 다니는 것에 양심의 가책이 느껴졌다.

성경말씀대로 사람은 타고난 이기심 때문에 누구라도 정도 차이만 있을 뿐인 선악의 행위로는 구원을 받을 수 없고 오직 하나님의 은혜로 구원받는 것이라는 배움도 있었고, 수년에 걸친 예배와 교리공부를 통해 내 자신의 믿음을 의심해 본 적이 별로 없었지만 아무튼 평소 크리스천다운 생활을 못하고 있는 것에 대한 마음의 가책 또한 항상 있었다.

사진작가이며 미술평론가인 정진국은 '이미지와 디자인을 지배하는 자가 세계를 지배한다' 라는 제목의 책을 썼다. 내용은 차치하더라도 현대를 살아가는 사람들이라면 동의할 수밖에 없는 명제이다. 이와 연결하여 '남들은 나를 어떻게 볼까?' 문제에서 자유로운 사람은 없다. 하지만 남의 마음을 어떻게 안단 말인가. 그러니 이 말을 정확히 표현하자면 '나는 남들에게 어떻게 보여지고 싶은가' 가 맞는 말이다. 따라서 보여주는 나와 실재의 나 사이에는 항상 갈등이 존재한다. 더욱이 믿음의 성숙을 '보여주는 나와 실재의 나와의 거리가 좁혀지는 것' 이라는 식으로 설정한다면 그 갈등에서 영원히 벗어날 수가 없다.

기독교를 믿지 않는 사람들에게는 다소 뻔뻔스럽게 느껴질 수도 있지만 기독교는 이미 받은 구원과 천국을 전제로 나를 변화시켜나가는 종교이다. 나를 변화시키는 주체도 내가 아니라 하나님이심을 믿는 것이다. 내 스스로는 아무 것도 할 수 없는 무력한 존재임을 깨닫는 것에서 시작된다. 철저한 자기포기로 나아갈 때 하나님이 채워주심을 믿고 그것을 삶으로 누리고 증거하는 것이 바로 크리스천의 존재이유이다.

물론 자기포기가 어찌 말처럼 쉽겠는가. 세상을 살아가면서 늘 자기중심의 시선으로 사물과 사건을 바라보는 자신을 느끼게 되지만 크리스천은 믿음으로 이를 극복해나가는 사람들이다. 무엇보다 성경을 통해 그 방법과 그 길을 알고 있기에 다소의 갈등 속에서도 평소 삶에서 자유함과 평안을 누릴 수 있는 것이다.

참으로 오랜 세월이 흘러 지금의 나는 별 거리낌 없이 맨손에 성경을 들고 다닌다. 전보다 생활이 도덕적이고 경건해져서라기보다는 사람들의 눈보다 하나님의 눈을 더 의식하며 살고 싶어서이다. 언제나 어디서나 내 자신의 의지며 판단을 포기하고 하나님을 더 생각하며 살고 싶기 때문이다.

햄버거 명상

혼자서 점심을 먹는 날이면 사무실 근처에 있는 IN-N-OUT을 자주 이용한다. 주로 햄버거를 싸들고 사무실로 돌아와 먹는데 식당에 혼자 앉아서 음식을 먹는 것이 불편하게 느껴지기 때문이다. 혼자 앉은 사람들의 모습이 내게는 왠지 쓸쓸해 보인다.

한편 그런 날이면 점심은 어떻게 했느냐는 아내의 물음에 의례히 '그냥, 햄버거로 때웠어.' 라고 대답을 한다. 그러다 어느 날 문득, 이런 식의 성의 없는 대답이 햄버거에게 음식에게 미안하다는 생각이 들었다. 지금도 허기진 배를 움켜쥐고 살아가는 북한사람들을 저 아프리카사람들을 한 끼의 양식이 어려운 사람들을 생각한다면 얼마나 사치스러운 대답인가 하며 반성도 되었다.

사실 나는 음식의 맛을 잘 모른다. 시다거나 맵고 짜고 단맛이야 느낄 수 있지만 고기며 생선, 나물 등 각 음식 고유의 깊은 맛을 음미하며 즐길 줄을 모른다. 예나 지금이나 그저 소고기를 푸

짐하게 먹으면 잘 먹었다는 기분이 든다.

십 년 쯤 전, LA의 한 신문사에서 일 할 때 데스크의 부탁으로 일식요리사 S 씨를 인터뷰 한 적이 있다. 그는 박정희 대통령 시절 한때 청와대의 일식을 맡았던 요리사였다. 기사가 나간 뒤 고맙다며 그는 나를 초대해 최고의 일식을 대접해 주었다. 생선회를 제대로 즐기라면서, 미리 냉장고에 넣어 적당히 차게 만든 검은 돌 위에 하나씩 얹어주는데(생선회를 그렇게 먹으면 더 맛이 난다는 것을 나는 그때 처음 알았다) 나로서는 그게 그 맛 같고 무엇이 귀하고 고급인지, 무엇이 흔하고 싼 것인지도 몰라 제대로 즐기지를 못하니 정말 미안한 마음이었다. S 씨 역시 실망을 하는 눈치였지만 마침 나와 동행했던 지인이 생선회 맛을 제대로 아는 사람이어서 연신 감탄을 하니 그래도 즐거운 시간을 가질 수 있었다.

내가 혼자서 식사를 할 때 IN-N-OUT을 즐겨 찾는 이유가 또 있다. 음식을 싸들고 가야하니 주로 '드라이브 드루'를 이용하는데 주문한 음식이 나오기까지 이런저런 생각에 잠겨보는 것이 좋기 때문이다. 십 여분 동안 나는 차안에서 느긋한 마음으로 주위의 풍경을 바라본다. 다정하게 걸어가는 사람들의 모습, 음식을 먹으며 대화하는 모습, 크고 작은 건물과 도로 풍경, 온갖 차들이 속도를 내고 달려가는 프리웨이의 풍경…. 그런데 이러한 도시의 삭막함 속에서도 생기를 주는 몇 그루의 푸른 나무들이 있다. 눈앞의 작은 화단에는 풀포기도 자라고 있다.

이 시간을 통해 나는 깨닫는다. 저 나뭇잎 하나가 바람에 흔들리는 것에도 화단의 풀잎 하나가 바람에 흔들리는 것에도 하나님의 뜻, 하나님의 섭리가 작용한다는 것을. 누가 이 바람을 이 나뭇잎과 풀잎의 흔들림을 우연이라고 말할 수 있을까.

그러니 하물며 사람임에랴. 아무리 사소한 것일지라도 사람의 생각과 행동에는 하나님의 뜻이 있음을 나는 믿는다. 지금 내 앞을 지나가는 수많은 차량과 거기에 탄 사람들의 생사화복의 사연들이 나와 아무 상관도 없는 것이라고 어떻게 단언할 수 있을까. 유구한 역사 속에서 우리가 동시대의 동일한 공간을 살아가는 이 사건에는 분명 하나님의 뜻이 있음을 나는 믿는다.

오늘도 햄버거를 기다리며 나는 살아있는 순간순간의 의미와 하나님의 섭리를 생각해본다. 그리고 자연과 사람은, 사람과 사람은 더불어 살아야한다는 것을 다시 한 번 생각해본다.

솔로몬의 왕궁, 바울의 감옥

기독교를 믿는 사람으로서 필자는 솔로몬의 왕궁이 부럽다. 또한 바울의 감옥이 부럽다. 이 엄청난 간격에서 씨름하는 것이 바로 나의 삶의 모습인지도 모르겠다.

하나님의 축복을 받아 부귀영화를 누린 솔로몬을 보면 과연 하나님은 믿고 의지할만한 신이라는 생각이 든다. 그리고 바울이 더 위대하다고 생각되어지는 것은, 출세를 누릴 가능성이 열려 있었음에도 복음을 위해 고난의 길을 걸어간 그의 삶이야말로 진정한 축복의 삶이었음을 믿기 때문이다.

그런 의미에서 솔로몬의 왕궁, 앞에서 부럽다는 표현을 쓰긴 했지만, 오늘날 하나님을 제대로 믿는 사람이라면 어떻게 이 땅에서 물질의 풍요와 부귀영화를 마음껏 누릴 수 있을까 하며 회의가 든다. 저 빨갱이들의 말처럼 사람들과 고루 나누어야 할 것을 그가 더 차지하고 있는 것 아닌가 하는 의심을 거둘 수가 없다.

필자는 다만 솔로몬을 통해 천국의 모형을 본다. 성도들이 이 땅의 삶을 마치고 돌아갈 천국에서의 모습 말이다. 천국은 인간 세상처럼 살아가는 것이 아니라 천사처럼 되는 것이라고 예수님이 설명을 하셨으나 인간의 부족한 인식으로는 부귀영화를 누리는 것으로 표현할 수밖에 없는 천국 말이다. 언젠가 이 땅에 예수님이 다시 오셔서 만드실 온전한 세상, 그 천국에서의 삶의 모양 말이다.

물론 필자도 물질을 구하는 기도를 자주하고 있으니 '장성한 믿음의 분량' 에 이르려면 정말 아직 멀었다는 반성이 들곤 한다. 가난을 핑계로 너무나 자주 '먼저 하나님의 나라와 그의 의를 구하' 지 못하는 자신이 부끄럽다. 하지만 변명을 하자면 늘 모자라는 삶을 살다보니 혹시 물질의 결핍으로 가뜩이나 믿음이 연약한 내 자신이 신앙적으로 쓰러지는 일이 있을까 하는 염려 때문이다.

바울의 삶을 필자는 기독교의 커다란 병폐 중 하나인 기복신앙을 극복하는 거울로 삼는다. 잘 믿으면 복을 받아 돈 잘 벌고 건강하고 명예를 얻는다는 식으로 기독교의 본질을 왜곡시키는 기복신앙 말이다. 그 보다는 성도라면 이미 구원의 축복을 받은 사람으로서 그 복을 전파하고 나누어주는 삶을 살아야 한다는 것을 다시금 확인한다.

'나는 가난하게 사는 법도 알고 부유하게 사는 법도 압니다. 배가 부르건 고프건 부유하게 살건 가난하게 살건 그 어떤 경우에도 스스로 만족하게 생각하는 비결을 배웠습니다. (빌립보 4:12)' 사도 바울의 말씀을 다시 한 번 묵상한다.

덧붙이는 글,

하긴 선거에 있어서는 또 다른 마음이 작용하는 것 같다. 미국의 민주당과 공화당이 추구하는 정책은 근본적으로 차이가 난다. 거칠게 말해 민주당은 서민 지향적이고 공화당은 부자 지향적인 정책을 추구하고 있다. 그렇다면, 당연히 서민 유권자들이 많으므로 민주당이 항상 이겨야 할 것 같은데 공화당이 표를 더 얻는 현실을 보면서 사회학자들은 흔히 사람들이란 자신의 현실을 보고 투표를 하는 것이 아니라 자신의 이상형을 보고 투표를 하기 때문이라고 설명한다.

가까운 드라마, 먼 이웃

최근에 방영된 김수현의 '천일의 약속' 이라는 드라마를 인상 깊게 보았다. 젊은 나이에 치매로 자신의 정체성을 잃어버리고 인격도 파괴되어가는 아내와 그런 아내를 지극정성으로 간호하는 남편, 가족들의 모습을 그린 슬픈 드라마이다.

언어의 마술사라는 칭송을 듣고 있는 김수현을 하지만 젊은 시절의 필자는 좋아하지 않았다. 드라마는 좀 봐주겠는데 소설은 정말 싫었다. 돌이켜보면, 군대에 있을 때 김수현의 소설을 처음 읽었는데 그 내용이 전형적인 통속이었다. 돈 많은 늙은 영감의 재처로 들어간 젊은 여자가 영감의 아들과도 얽히는 그렇고 그런 소설이었다.

필자는 다 읽지도 않고 소설책을 던져버리며 작품에 아무런 메시지도 없는 그런 소설이 그런 작가가 한심스러웠다. 그 따위를 읽으며 시간을 낭비한 내 자신도 한심스러웠다.

하지만 세월 따라 사람의 마음은 취향은 변하기도 한다던가… 어느덧 필자는 김수현의 팬이 되고 말았다. 드라마의 팬이 되었다.

이쯤에서 본론으로 들어가자. 오늘의 주제 역시 김수현의 소설이 아니라 드라마이니까.

필자는 눈물을 줄줄 흘리며 '천일의 약속' 을 보았다. 여주인공 서연이 불쌍해서 그리고 고통을 겪는 남편이며 가족들에게 공감이 가서 눈물을 흘리며 드라마를 보았다.

드라마를 본 뒤엔 의무삼아 뉴스를 보았다. 명색이 잡지를 만드는 사람이니 최소한의 세상 돌아가는 모습은 알아야하겠기 때문이다. 필자가 관심을 갖는 분야는 북한의 실상에 대한 소식이다.

'절대 권력은 절대 부패한다' 는 말처럼 무소불위의 권력이 주민들의 인권을 말살하고 굶주림에 허덕이게 하는 현실을 보며, 어느 날 정말 기적처럼 저 정권이 무너지고 통일이 되기를 소망하면서, 아니 통일은 되지 않더라도 북한에 민주적이고 인도적인 정권이 들어서기를 소망하면서, 그에 대한 자그마한 단초를 발견하고 싶은 마음으로 뉴스를 본다. 아, 눈을 퀭하니 뜨고 장작개비처럼 마른 몸으로 누워있는 아이들의 모습이 담긴 장면을 한숨을 쉬며 바라본다.

슬픈 드라마와 연결해 문득 깨달아지는 것이 있었다. 나는 저 아이들을 위해서 그리고 소외되고 핍박받는 사람들을 위해서 눈물을 흘린 적이 있었던가. 질병과 굶주림으로 죽어가는 사람들의 모습을 보면서 전쟁으로 인한 살육의 현장이 담긴 모습을 보면서 과연 눈물을 흘린 적이 있었던가.

생각해보면 인간의 탐욕에 대해 절망을 느끼긴 했지만 부패한 정권에 대해 분노를 느끼긴 했지만 저 이웃들을 위해 진정으로 눈물을 흘려본 적이 내겐 없다.

고백하자면, 필자는 자신이 선한사람이라고 생각했었다. TV며 영화를 보다가 조금만 슬픈 장면이 나오면 옆 사람에게 창피할 정도로 눈물을 줄줄 흘리는 자신이 딴에는 인도주의적인 사람이라고 생각했었다. 그런데 그게 아니었다. 필자는 정작 이웃은 멀게만 여기고 허구 속의 주인공을 가깝게 여기는 한 사람의 감상객일 뿐이었다.

드라마가 막을 내리자 비로소 깨닫는다. 드라마의 주인공은 멀다 아니 없다. 아직은 살아 숨 쉬는 실재의 주인공들이 가까운 이웃들이 눈물을 흘리며 나의 작은 손길을 기다리고 있다. 가까운 드라마 먼 이웃의 도치가 부끄럽다.

아버지의 '운칠 기삼'

아버지는 평소 마작을 즐기셨다. 아버지가 경영하시던 봉제공장엘 나가보면 지인들과 놀이를 하는 모습을 자주 볼 수 있었다. 아득한 추억의 한 장면, 누나와 여동생들은 아버지가 돈을 좀 딴 것 같으면 옆에 달라붙어 아양을 떨며 용돈도 받아내곤 했다. (아버지는 하나뿐인 아들에게는 무척 엄했는데 누나와 세 명의 여동생들에게는 관대하고 인심이 좋았다.)

그런데 이와 연결해, 오랫동안 궁금했던 점이 있었다. 가끔씩 보면, 마작이 열리고 얼마 지나지도 않았는데 아버지는 판에서 물러나와 구경만 한다든가 아예 책상에서 딴 일을 하곤 하셨다. 나는 그런 아버지를 이해할 수가 없었다. 어린 마음에 '아버지가 벌써 돈을 다 잃으셨나보다' 하며 덜컥 마음이 조이기도 했던 것 같다.

세월이 흘러서야 나는 그 궁금함을 풀 수 있었다. 내가 군에서

막 제대를 하고 반백수처럼 지내던 어느 날, 아버지의 사무실에 선 예의 마작이 벌어졌는데 그 날도 아버지는 일찌감치 손을 털고 공장에 나와 재단사며 재봉사, 오바로크사, 리엄바리사 등 직원들을 불러 모았다. (봉제공장에서는 모든 기계들을 일본식으로 불렀다. 뭐라든가… '시다' 도 있었고 '요꼬사' 도 있었는데… 나는 지금도 재봉틀 외에는 정확한 명칭과 용도를 모른다.)

"아니, 마작은 벌써 끝내셨어요?"

당시엔 나도 머리가 좀 커졌고 아버지의 엄격함도 많이 누그러져 부자간에 대화가 이루어지고 있었다.

"도박은 운칠 기삼이야. 잘 안 되는 날엔 일찌감치 그만 두어야 하는 거야."

아, 그랬구나… 나는 어렸을 때부터의 궁금증이 일시에 풀리는 것을 느꼈다. 평소 어머니가 아버지의 마작에 대해 별로 걱정하지 않는 이유도 알 것 같았다. 그 전 언젠가 어머니에게 물은 적이 있다. 아버지가 마작을 너무 좋아하시다가 큰일이라도 내면 어떻게 하느냐고. 그때 어머니는 대답했다. "너희 아버지처럼 하면 걱정할 것도 없다."

그날 아버지는 무슨 마음이었는지, 나에게, 이를테면 아버지의 오락론(?)을 설명해주셨다.

“운칠 기삼이란, 도박에서는 운이 70퍼센트 기술이 30퍼센트라는 말이다. 기술이 아무리 좋아도 운은 어쩔 수 없는 것이니 운이 안 좋은 날엔 조금만 하고 손을 털어야 한다. 그 대신 운이 좋은 날에 즐기면 된다. 너도 사람들과 어울려 게임을 하게 되면 그것을 명심해라.”

사실 나는 어린 시절부터 아버지의 마작놀이가 부끄럽고 싫었다. 학교에서도 도박은 죄라고 배우지 않았던가. 뉴스에서도 도박하던 사람들이 잡혀가는 모습이 종종 보도되고 있었다. 그래서 어린 마음에 아버지가 잡혀가면 어떻게 하나 걱정을 하기도 했고, 또 위에서 말한 것처럼, 아버지가 돈을 다 잃었나보다 하면서 남몰래 걱정을 하기도 했었다. 정작 아버지나 어머니는 아무런 문제의식도 없었는데 그저 어린 나 혼자 애를 태웠던 것이다.

아무튼 그것이 반면교사가 되었던지 나는 지금도 도박이라면 할 줄 아는 것이 거의 없다. 카드며 고스톱도 규칙을 몰라 끼질 못한다. 미국에 20년 가까이 살면서 라스베가스의 슬롯머신도 서너 번 밖에 해보질 않았다. 어린 시절부터의 기억이 하나의 강박관념으로 남았는지 도무지 재미를 못 느끼기 때문이다.

70세가 되어 은퇴를 한 아버지는 그 후로도 10년 넘게 경로당엘 다니며 마작을 즐기셨는데 (부모님이 사시던 서울 이화동의 경로당에는 마작이 없어 버스로 다섯 정거장이나 떨어진 경로당에 가야 한다며 다소 불편해 하셨다.) 어머니의 말씀으로는, 심심치 않게 반찬값도 벌어다 주셨다니 아마도 아버지는 끝까지 운칠 기삼의 원칙을 지켰던 모양이다.

지금에 와서 아버지의 마작 취미를 미화한다거나 거기에 동감하려는 마음은 전혀 없다. 다만, 돌이켜보면, 아버지의 그 말씀이 내게는 하나의 교훈이 되어 사람은 결코 자기의 힘과 능력만으로는 살 수 없으며 '운명에의 순종' 아니 기독교의 말씀대로 하나님의 섭리로 살아가는 것임을 일찌감치 체득하게 되었음을 말하고 싶다.

사람이 태어나기도 전부터 하나님이 그 일생을 예비해 두셨다는 말씀을 대하면 혹자들은, 그렇다면, 사람의 노력이 무슨 소용이냐고 비판적으로 반문을 하곤 한다. 하지만 예수님은 또한 각자에게 (열심히) 구하고, 찾고, 문을 두드리라고 말씀하셨다.

성경은 역설의 메시지이다. 사람의 일생은 분명 하나님의 섭리로 예정되어 있으며 또한 자유의지로 개척해나가야 하는 것임을 동일하게 믿는 것이 바로 기독교 신앙이다.

for OUTSIDERS
아웃사이더를 위하여

백훈 칼럼집

초판 발행 _ 2016년 5월 30일
지은이 _ 백훈
펴낸이 _ 노승택
편집인 _ 안혜숙
편집/표지 디자인 _ 김명선/임정호

펴낸곳 _ 도서출판 다트앤
등록 _ 1998년 9월 15 일
등록번호_제22-1421호

서울 영등포구 선유로 274(양평동 4가 280-8)
Tel 02-582-3696
Fax 02-3672-1944
E-mail hwaseo582@daum.net

값 12,000원
ISBN 978-89-6070-602-6